_________________ 님의 소중한 미래를 위해

이 책을 드립니다.

우리 아이의
행복을 위한
성교육

성교육이 우리 아이의
미래를 결정한다

우리 아이의 행복을 위한 성교육

김영화 지음

메이트북스

메이트북스 우리는 책이 독자를 위한 것임을 잊지 않는다.
우리는 독자의 꿈을 사랑하고,
그 꿈이 실현될 수 있는 도구를 세상에 내놓는다.

우리 아이의 행복을 위한 성교육

초판 1쇄 발행 2018년 8월 20일 | **초판 2쇄 발행** 2021년 2월 10일 | **지은이** 김영화
펴낸곳 (주)원앤원콘텐츠그룹 | **펴낸이** 강현규 · 정영훈
책임편집 유지윤 | **편집** 안정연 · 오희라 | **디자인** 최정아
마케팅 김형진 · 차승환 · 정호준 | **경영지원** 최향숙 · 이혜지 | **홍보** 이선미 · 정채훈
등록번호 제301-2006-001호 | **등록일자** 2013년 5월 24일
주소 04607 서울시 중구 다산로 139 랜더스빌딩 5층 | **전화** (02)2234-7117
팩스 (02)2234-1086 | **홈페이지** www.matebooks.co.kr | **이메일** khg0109@hanmail.net
값 15,000원 | **ISBN** 979-11-6002-157-8 13330

이 도서의 국립중앙도서관 출판시도서목록(CIP)은 e-CIP홈페이지(http://www.nl.go.kr/ecip)에서 이용하실 수 있습니다.(CIP제어번호 : CIP2018023405)

우리 아이들에게 줄 수 있는 가장 큰 선물은
우리가 가진 귀중한 것을 아이들과 함께 나누는 것뿐만 아니라,
자기들이 얼마나 값진 것을 가지고 있는지
스스로 알게 해주는 것이다.

· 아프리카 격언 ·

부모의 성교육,
더 솔직하고 적나라해야 한다

필자는 소아정신과 의사로 일해오면서 수년 전부터 성교육의 중요성을 알려왔습니다. 그리고 성교육은 유아기부터 시작되어야 한다고 주장해왔습니다.

부모들은 아이의 신체적인 건강과 정서적인 안정에는 많은 관심을 가지고 있지만 막상 학교 성적이나 정서 발달보다 더 중요한 성 발달에는 무관심한 경우가 대부분입니다. 많은 부모들이 아이들의 성 발달은 나이가 들면서 저절로 이루어지는 것으로 여기기 때문입니다.

하지만 이전 세대와는 완전히 다른 환경에서 자라고 있는 아이들은 조숙한 신체 발달과 함께 건강한 성적 발달을 방해하는 지나치게 자극적인 환경 속에 놓여 있습니다. 그러다보니 아이들은 성적인 혼란과 함께 성폭행이나 불법촬영(몰카) 범죄 같은 성범죄의 위험 속에서 자라고 있습니다.

2018년 초 우리 사회 각 분야에서 가장 큰 반향을 일으킨 사건은 미투(#Me too)운동입니다. 2017년에 미국 여배우들이 그동안 당했던 성추행 사건을 폭로하면서 시작된 미투운동은 전 세계 80여개 나라에 그야말로 들불처럼 번져갔습니다.

이런 영향으로 최근에는 작은 성폭력에도 민감해지는 사회 분위기가 만들어지고 있습니다. 남자아이들이 잠재적 성범죄의 위험에서 빠져나와 행복한 인생을 꾸려나가기 위해서는 어린 시절부터 제대로 된 성교육을 받는 것은 이제 필수적인 일이 되었습니다.

어린이와 사춘기 청소년을 대상으로 한 성교육의 목표는 첫째, 성폭행을 비롯한 성범죄가 일어나는 것을 예방하는 것입니다. 둘째로는 10대 임신과 에이즈 같은 성병 감염을 예방해 아이들이 건강한 몸과 마음을 가지고 자라도록 도와주는 것입니다.

이 책은 왜 유아기부터 성교육이 시작되어야 하는지 그 이유를 설명하고 있습니다. 그리고 성적인 호기심과 모험심이 폭발적으로 일어나는 사춘기 시기에 부모가 알아야 할 다양한 사춘기 성과 관련된 문제점과 해결책을 보여주고 있습니다.

유네스코가 발간한 〈국제 조기 성교육 지침서〉에서는 5세 유아부터 성교육을 시켜야 한다고 권하고 있습니다. 유치원에 다닐 때부터 남녀 신체부위의 차이를 가르쳐야 합니다. 이성 형제가 없이 자란 경우에는 남녀의 신체 차이를 잘 알지 못해서 유치원에서 여자친구의 치마를 들추어보거나 일부러 여자 화장실에 들어가보는 행동을 합니다.

아이가 호기심으로 "나는 왜 고추가 없어?" "왜 나는 앉아서 오줌을 누고 오빠는 서서 눠?"라고 질문할 때는 남녀의 신체 차이를 알려주어야 합니다. 성에 관한 궁금한 질문을 할 때가 가장 좋은 성교육의 기회라고 여겨야 합니다.

"여자는 얌전해야 한다." 등 성역할에 대한 고정관념을 심어주는 언행도 삼가야 합니다. 부모들이 아이의 성정체성에 대해 항상 긍정적인 반응을 보여 내 아이의 자존감을 높여주는 것도 중요한 성교육입니다.

우리 어른들의 성의식 속에는 남녀칠세부동석, 남녀유별 등의 유교적 관념이 남아있을 뿐 아니라, 남성 중심의 오랜 문화와 고정관념에서 생긴 성 관념 때문에 사춘기 아이들에게 성교육을 시키는 것을 어려워합니다. 아이들을 지도해야 하는 어른들의 '성인지 감수성'도 턱없이 부족합니다.

오랜 기간 지속되어온 가부장제도하에서 남녀차별은 당연한 일로 여겨졌지만 최근에는 성역할(젠더)에도 많은 변화가 일어나고 있습니다. 성교육은 양성평등교육입니다. 가정에서 성 차별과 성역할 구분을 하지 않는 성평등교육도 적극적으로 실시되어야 하는 중요한 성교육의 일환입니다.

조사 결과, 전 세계 어린이와 청소년에게 가장 영향을 끼치는 키워드는 '인터넷'과 '섹스'인 것으로 나타났습니다. 이 책은 부모가 자녀에게 '구체적이고 절실한' 성교육을 하는 데 도움이 되고자 하는 의도에서 썼습니다.

부모는 아이들이 각종 유혹과 욕망을 다스리며 건강하게 성장할 수 있도록 도와주어야 합니다. 그리고 건전한 성교육을 통해 부정적인 사랑의 경험을 줄이고, 긍정적이고 성공적인 삶의 길로 나아갈 방법을 알려주어야 합니다.

김 영 화

CONTENTS

PART 2

성교육은 구체적으로 적나라하게 해야 한다

PART 3

성교육은 성평등 교육이다

부모는 아이들이 건강하게 성장할 수 있도록 도와주어야 합니다.

건전한 성교육으로 긍정적이고 성공적인 삶의 길로

나아갈 방법을 알려주어야 합니다.

『우리 아이의 행복을 위한 성교육』 저자 심층 인터뷰

'저자 심층 인터뷰'는 이 책의 심층적 이해를 돕기 위해 편집자가 질문하고 저자가 답하는 형식으로 구성한 것입니다.

Q. 『우리 아이의 행복을 위한 성교육』을 소개해주시고, 이 책을 통해 독자들에게 전하고 싶은 메시지가 무엇인지 말씀해주세요.

A. 최근에는 작은 성폭력에도 민감해지는 사회 분위기가 만들어지고 있습니다. 남자아이들이 잠재적 성범죄의 위험에서 빠져나오려면 어린 시절부터 제대로 된 성교육을 받아야 합니다. 여학생들을 위해서는 10대 임신과 성병 감염으로부터 자신의 몸을 지킬 수 있게 '열린 성교육'으로 가르쳐야 합니다.

부모들은 사춘기 성에 대해서 잘 알고 있어야 합니다. 사춘기는 위험한 성적 모험을 하고 싶은 시기입니다. 이런 모험을 통제하는 것은 아이들이 스스로 하는 것보다는 부모의 지지와 통제가 크게 도움이 됩니다.

오랜 기간 지속되어온 가부장제도하에서 남녀유별은 당연한 일로 여겨졌지만, 최근에는 성역할(젠더)에 관한 많은 변화가 일어나고 있습니다. 2017년 미국 여배우들에 의해 시작된 미투 운동은 전 세계 80여 개 나라에 들불처럼 번져갔습니다. 이런 사실은 결국 여성에 대한 성차별이 성적인 학대로 이어진다는 것을 보여줍니다. 성교육은 양성평등교육입니다. 가정에서 성차별과 성역할 구분을 하지 않는 성평등교육도 함께 실시해야 합니다.

Q. 자녀 성교육은 유아기부터 시작해야 한다고 하셨는데, 유아기 자녀에게 성교육을 할 때 부모가 가져야 할 태도나 주의사항에 대해 설명 부탁드립니다.

A. 유네스코가 발간한 〈국제 조기 성교육 지침서〉에는 5세 유아부터 성교육을 시켜야 한다고 권하고 있습니다. 유치원에 다닐 때부터 남녀 신체부위의 차이를 가르쳐야 합니다. 이성 형제가 없이 자란 경우에는 남녀의 신체 차이를 잘 알지 못해서 유치원에서 여자친구의 치마를 들추어보거나 일부러 여자 화장실에 들어가는 행동을 합니다.

아이가 호기심으로 "나는 왜 고추가 없어?" "왜 나는 앉아서 오줌을 누고 오빠는 서서 눠?"라고 질문할 때는 남녀 신체 차이를 알려주어야 합니다. 성에 관한 궁금한 질문을 할 때가 가장 좋은 성교육의 기회입니다.
"그런 짓 하면 고추 떨어진다." "여자는 얌전해야 한다." 등 성역할에 대한 고정관념을 심어주는 언행을 삼가야 합니다. 부모들이 아이의 성 정체성에 대해 항상 긍정적인 반응을 보여 내 아이의 자존감을 높여주는 것도 중요한 성교육입니다.

Q. 부모가 10대 딸에게 성교육을 할 때 조심해야 할 사항에 대해 말씀해주시기 바랍니다.

A. 10대 딸들에게는 신체적 · 정신적 건강을 지키도록 하는 것이 성교육의 목표입니다. 10대들의 너무 빠른 성장과 성교행위는 도덕적으로 문제가 되기보다는 아이들의 건강과 인생에 너무 큰 영향을 끼치기 때문입니다. 10대의 성관계는 원치 않는 임신과 낙태로 이어질 수 있습니다. 피임교육을 제대로 받지 못하고 사후대책도 없는 상태에서 아이를 갖게 되면 10대 엄마와 아이 모두 제대로 성장하기 힘들게 됩니다. 성병에 대해서도 이야기할 수 있어야 합니다. 더 안전

하고 몸에 덜 해로운 피임법을 반드시 가르쳐야 합니다.

부모들은 아이들에게 "자신의 소중한 성을 보호하고 지켜야 하며, 성관계를 갖지 않아야 한다고 생각한다"고 분명히 말해야 합니다. 어른이 될 때까지 성적인 행위를 미루어야 하는 이유도 아이들에게 설명할 수 있어야 합니다.

Q. 부모가 10대 아들에게 성교육을 할 때 명심해야 할 사항에 대해 말씀해주시기 바랍니다.

A. 남자아이들에게는 사춘기가 되면 성호르몬에 의해 신체가 변하고, 이성에게 감정을 느끼게 되고, 강한 성충동이 생길 수 있다는 것을 먼저 알려주어야 합니다. 실제로 사춘기 시기의 남자아이들은 일주일에 3~5번 정도의 자위를 합니다. 자위를 하면 머리가 나빠지고, 키도 자라지 않고, 나중에 결혼해서는 불임이 될 수 있다고 믿는 아이들도 많습니다. 성적 욕구는 건강한 사람에게 나타나는 자연스러운 현상임을 알려주고 아이가 불필요한 죄책감을 가지지 않도록 해야 합니다.

건강한 자위행위를 위해 다음 몇 가지 원칙은 반드시 지키도록 지도해야 합니다. '자위할 때는 방 안에서 문을 잠그고 한다. 먼저 손을 깨끗이 씻고 자위를 해야 세균에 감염되지 않는다. 자위를 하고 난 후에도 깨끗한 휴지로 닦거나 물로 씻는다.' 이렇게 위생교육을 시켜야 합니다.

Q. 아이가 자위행위를 할 때, 당황하지 않고 웃으며 처리하는 법이 있다고 하셨습니다. 구체적인 설명 부탁드립니다.

A. 청소년의 경우 심리적 · 생리적인 변화로 성적인 호기심이 폭발적으로 일어납니다. 청소년들은 일주일에 3~5번 정도의 자위를 하고 오르가슴을 성취하는 데 더 집중하게 됩니다. 청소년의 자위행위는 성적인 긴장감과 불안을 감소시키고, 성적 환상의 배출구를 제공합니다.

아이가 자위행위를 할 때, 이렇게 지도하도록 합시다. 첫째, 청결에 유의하도록 합니다. 자위를 하기 전에는 반드시 손을 깨끗이 씻고, 끝난 후에도 뒤처리를 깔끔하게 하도록 합니다. 둘째, 도구를 이용하게 되면 생식기에 상처가 생기기 쉬우며 세균감염의 우려도 있기 때문에 손으로만 자위를 하도록 지도합니다. 셋째, 음란물중독으로 인한 자위중독을 예방하기 위해서라도 자위시 음란물은 반드시 끄도록 합니다. 넷째, 죄책감이 없도록 해야 합니다. 자위행위는 성욕을 해소하는 지극히 정상적인 행위입니다. 지나친 죄책감은 성에 대해 필요 없는 불안만 키울 뿐입니다. 다섯째, 혼자서

문을 잠그고 자위를 하도록 합니다. 자위행위는 지극히 개인적인 일로, 부모라 하더라도 자녀의 사생활을 지켜주는 마음이 필요합니다.

Q. 부모들은 음란물에 대해 아이들과 대화할 수 있어야 한다고 하셨는데, 이럴 때 주의해야 할 점은 무엇인가요? 아이의 음란물중독 예방을 위해 부모가 해야 할 일도 말씀해주세요.

A. 성범죄를 저지른 고등학생을 대상으로 한 조사에서 초등학교 1~3학년 때 음란물을 처음 접한 학생들의 성범죄 비율이 가장 높은 것으로 밝혀졌습니다. 음란물을 처음 본 나이가 어릴수록 중독 위험이 높고, 성범죄 위험도 높아집니다. 음란물중독 예방을 위해 가정에서는 인터넷 사용수칙을 정하는 것이 꼭 필요합니다. 그리고 부모는 자녀가 평소에 인터넷과 스마트폰으로 무엇을 찾아보는지 지켜보아야 합니다. 부모들은 야한 동영상에 대해 아이들과 대화할 수 있어야 합니다. 음란물중독에 빠지면 모방하고 싶은 충동 때문에 성범죄자가 될 수 있다는 사실도 아이들에게 일러주어야 합니다. 음란물에 중독되면 성적인 행동을 하고 싶은 충동을 느끼게 됩니다. 연령에 상관없이 음란물에 중독되면 불법촬영(몰카)과 같은 범죄 충동을 느끼게 됩니다.

Q. 10대 자녀에게 이성친구가 생겼을 때 부모로서 해야 할 일이 있나요? 이성교제를 하는 아이에게 어떤 이야기를 들려줘야 하나요?

A. 아이가 말하기에 앞서 자녀가 10대가 되면 이성교제에 대한 부모 자신의 생각을 먼저 정리해둘 필요가 있습니다. '허락할 수 있나? 없나?' '왜 그런 생각을 하는가? 혹시 부모 자신의 옛 경험으로 인해 너무 엄격하지는 않은가?' 하고 자신을 돌아보아야 합니다.

만약 부모가 아이의 이성교제를 인정할 생각이라면 우선 축하부터 해야 합니다. 그래야 아이가 이성친구를 은밀하게 사귀려는 유혹과 그에 따른 각종 문제들을 예방할 수 있습니다.

부모는 반드시 아이에게 도움을 줄 수 있는 구체적인 팁도 알고 있어야 합니다. 단정한 옷차림, 시간 약속 지키기, 각자 부담하는 데이트 비용, 성이 다른 친구를 배려하는 법, 공부에 소홀하지 않기, 이성과 놀러갈 만한 좋은 장소 등 구체적인 이성교제 방법을 아이에게 알려주어야 합니다. 그래야 아이들이 부모에게 이성친구에 관한 문제를 의논하게 되고, 그때 부모는 아이가 건전하게 교제하도록 도와줄 수 있습니다.

Q. 아이가 실연당해 무기력한 모습을 보이고 우울해할 때 부모로서 어떻게 해야 하는지 구체적으로 말씀해주세요.

A. 만약 10대의 자녀가 이성친구와의 이별을 경험한 이후에 심리적인 어려움을 겪는다면 헤어짐은 아주 자연스러운 일임을 알려줘야 합니다. 결별의 슬픔 또한 너무 빨리 잊으려 애쓰지 않아도 된다고 위로할 필요가 있습니다. 아이의 아픔을 과소평가해서도 안 되고, 자신의 아픔을 부모나 친구에게 털어놓을 수 있도록 지지해주어야 합니다. 아이의 상실감을 위로해주는 것이야말로 최고의 약이 될 수 있기 때문입니다.

만약 내 아이가 실연의 아픔을 겪고 있다면 다음과 같은 방법으로 도와주어야 합니다. 부모가 사춘기 시절에 직접 겪었던 이성 경험을 아이에게 이야기해주세요. 다른 사람들, 특히 부모가 젊은 시절에 겪었던 이성에 대한 두려움이나 상처 등을 이야기해주면 '나도 부모처럼 상처를 극복하고 어른이 되면 부모처럼 잘 지낼 수 있구나' 하는 생각에 아이의 마음이 편해집니다. 아이가 즐거운 일에 몰입할 수 있도록 도와주거나 신체 활동이나 스포츠 활동을 권하는 것도 좋습니다.

Q. 아빠가 육아에 동참해야 자녀의 건강한 성의식이 발달한다고 하셨습니다. 아빠의 어떤 육아 방식이 자녀의 성의식을 건강하게 하는지 자세하게 이야기해주세요.

A. 딸이든 아들이든 아버지와의 관계는 자녀의 건전한 성의식 발달에 매우 중요합니다. 많은 조사에서 아버지가 자녀 양육에 적극적으로 참여하는 경우, 아이들은 성적인 탈선을 하지 않았습니다.
특히 4~5세 이전에 양쪽 부모의 따뜻한 보살핌을 받은 아이들이 심리적으로 건강한 성인으로 자라는 데 훨씬 유리합니다. 아이가 자라서 남성 또는 여성이란 주체성을 가지고 이성을 사랑하고 결혼하는 것도 부모의 결혼생활을 모방하고 동일시함으로써 가능한 것입니다.
무엇보다 아버지와 아이가 얼마나 친밀한 관계를 가졌는가는 그 아이의 성격 형성과 자존감 형성에 매우 큰 영향을 미치게 됩니다. 실제로 아버지와 좋은 관계를 맺은 딸들은 남성 콤플렉스를 가지지 않습니다. 집안일을 열심히 하는 아버지를 보고 자란 아들들은 성역할에 대한 편견 없이 자라게 됩니다.

Q. 자녀들의 성교육이 미숙한 우리 시대의 부모들에게 꼭 해주고 싶은 말씀이 있으시다면 조언 부탁드립니다.

A. '친구들끼리 여행을 갔다가 성폭력이 발생했을 때는?' '친구들끼리 여행가지 않는다.'

'채팅 중 상대가 직접 만나자고 제안할 때는?' '낯선 사람과의 채팅은 가급적 삼간다.'

얼마 전 교육부가 수억 원을 들여 만든 '성교육 표준안'에 들어있는 성교육 내용입니다. 오히려 학생들이 '수시로 부모님한테 전화하거나 다른 친구를 불러요'라고 정답을 찾아줄 정도였습니다.

왜 아이들에게 실질적으로 도움이 되지 못하는 정답이 나오는 걸까요? 우리 어른들의 성의식 속에는 남녀칠세부동석, 남녀유별 등의 유교적 관념이 남아있을 뿐만 아니라, 남성 중심의 오랜 문화와 고정관념에서 생긴 성관념 때문에 이런 황당한 답변이 만들어진 것입니다. 아이들을 지도해야 하는 어른들의 '성인지 감수성'이 턱없이 부족하다는 사실을 보여주는 에피소드입니다. 이런 성인군자 식의 정답은 실질적으로 아이들에게 아무런 도움이 되지 못합니다. 우리는 올바른 성교육을 받을 10대들의 권리를 인정하고, 더욱 솔직하고 적나라한 성교육을 실시해야 합니다.

만약 내 아이가 자위행위를 하는 것을 목격했다면 부모로서 어떻게 지도해야 하는 걸까요? 내 아이가 음란물을 보거나 친구들과 성적인 장난을 칠 때 부모들은 아이에게 어떤 말을 해주어야 하는 걸까요?
최근에는 작은 성폭력에도 민감해지는 사회 분위기가 만들어지고 있습니다. 유치원에서 일어나는 성적인 장난도 자칫 성추행으로 간주되기 때문에 5세 유아시절부터 부모가 가정에서 실시하는 성교육은 필수입니다.

PART 1

우리 아이의 행복과 미래를 지키는 성교육법

1

성교육은 유아기부터 시작해야 한다

성에 대한 학습은 유아기 시기부터 부모와 주위 사람들을 통해 끊임없이 이루어집니다. 유아기 때부터 집에서 올바른 성교육을 하는 것은 아이들이 자라서 건강한 성문화를 이룩할 수 있게 하는 지름길입니다.

"우리 아이에게 언제부터 성교육을 해야 하나요? 사춘기가 시작된 후에 성교육을 하면 늦다고 하던데…." 성교육에 관심이 있는 부모들이 가장 많이 하는 질문입니다.

"쑥스럽게 그런 소리를 어떻게 해요. 어렸을 때 나도 들어본 적이 없는데…." 성과 관련한 대화를 아이들과 해본 일이 있느냐는 질문에 대부분의 부모들은 이렇게 대답합니다. 어린 시절 성교육에 대해 듣지 못하고 자란 부모들이 자녀와 성에 대해 대화하는 것은 무척 어색하고 곤란한 일이라 뭐라고 대답해야 할지 어려움을 느낍니다.

그럼 성교육은 몇 살부터 시작해야 할까요? 성교육을 하기에 가장 좋은 시기는 4~5세경입니다. 이 시기 유아들은 자신의 신체에 눈뜨고 성적 발달을 시작하고, 성적 호기심으로 끊임없이 성과 관련된 질문도 가장 많이 던집니다.

"엄마, 나는 어디서 나왔어?" "아기는 어떻게 생기는 거야?" "나는 왜 고추가 없어?" 4~5세가 되면 아이들은 부모에게 이런 질문을 합니다. "별 걸 다 물어보네. 나중에 크면 다 알게 돼"라고 회피하거나 "다리 밑에서 주워 왔지"라고 얼버무리면 안 됩니다. 자칫 자신의 성적인 호기심이 뭔가 잘못된 것이라 여기고 성에 대해 부정적인 생각을 갖게 될 수도 있습니다.

• • •

아이의 성교육은 5세부터 시작한다

몇 년 전 유네스코국제교육과학문화기구에서 〈국제 조기 성교육 지침서〉가 발간되었습니다. 이 보고서는 어린이를 5~8세, 9~12세, 12~15세, 15~19세 4개의 그룹으로 나누어 각 나이에 적합한 성교육 가이드라인을 제공했습니다.

5세가 되면 이미 성적인 발달이 충분하며, 아이들은 자신의

신체부위에 대한 정확한 이름을 알아야 하고, 부모는 아이들에게 "자신의 성기를 만지며 즐기는 행위가 자위행위이고, 성기를 만질 때 쾌감을 느낄 수 있다"라고 말해줄 필요도 있다고 했습니다.

아이들의 성교육은 5세부터 시작되어야 합니다. 사춘기가 되기 전부터 자신의 성 충동을 잘 다루어 성범죄, 10대 임신, 성병 감염으로부터 아이들을 지켜야 하기 때문입니다.

아이들이 충분한 사전 지식을 갖고 성에 접근할 수 있도록 미리 지도해야 합니다. 조기에, 그리고 실질적으로 도움이 되는 성교육이 필요합니다.

반면 우리나라를 포함한 전 세계 부모들은 유네스코 권고를 따라 너무 일찍 성을 가르치면 오히려 성경험을 더 빨리 하도록 부추기는 것이 아닌가 하는 두려움을 느낀다고 했습니다.

우리나라 초등학생을 대상으로 한 조사에 의하면 가정에서 성교육을 받았다고 대답한 학생들은 2.7%에 불과했고, 부모와 성에 대해 이야기해본 경험이 있다고 한 학생들은 15%에 불과했습니다. 왜 그럴까요? 부모 입장에서 성교육하기가 어색하기 때문입니다. 부모들 입장에서는 성교육의 중요성을 실감한다고 해도 막상 성교육을 시키려고 하면 쑥스럽고 당황해 어떻게 해야 하는지 망설여집니다.

하지만 성교육은 유네스코의 권고대로 아주 어릴 때부터 시작해야 합니다. 유치원 때부터 남녀의 차이를 가르쳐야 합니다. 이성 형제가 없이 자란 경우에는 남녀의 신체 차이를 잘 알지 못해서 유치원에서 여자친구의 치마를 들추어보거나 일부러 여자 화장실에 들어가는 행동을 합니다. 이런 일이 생기지 않게 하려면 집과 유치원에서 남녀의 신체 차이를 책으로 보여주고 가르쳐야 합니다.

"엄마, 나는 어디서 태어났지? 어떻게 만들어진 거야?"라는 질문을 하면 아이의 나이와 이해 수준에 맞게 설명해주는 것이 좋습니다. 아기가 태어나는 과정을 보여주는 책이나 TV에 나오는 동물의 짝짓기를 예로 드는 것도 좋은 성교육입니다. '언젠가 다 알 텐데 왜 미리 가르쳐야 하나?' 하는 생각은 잘못된 생각입니다.

• • •

'스칸디 대디' 스타일의 성교육이란 무엇인가?

그렇다면 어린이 성교육은 어떻게 시켜야 할까요? 성교육 분야에서 세계 최고란 평가를 받는 북유럽의 이른바 '스칸디 대디(북유럽 아빠)' 스타일의 성교육을 참고해보는 것은 어떨까요?

"Forget tiger mom, here comes the scandi dad(타이거 맘은 잊어라, 스칸디 대디가 대세다)." 〈더 타임즈The times〉지는 북유럽의 성공적인 자녀교육 비법인 '자녀교육 10가지 황금률'을 소개했습니다. 타이거 맘과 울프 대디는 공부에만 관심을 가져 전인적 교육에는 미치지 못한다는 것을 지적하고, 성교육의 기본을 6세 유치원 때부터 시작하라고 했습니다.

아이와 많은 시간을 보내는 자상한 아빠인 스칸디 대디는 "Be open about sex(성에 대해 개방적인 태도를 가져라)"라고 가르칩니다. 스칸디 대디는 아이들에게 성교육 책을 매일 한 장씩 읽어주는 자상한 아빠입니다.

덴마크, 스웨덴 같은 북유럽 국가에서는 6세부터 성교육을 시작하고, 15세가 되면 피임교육을 의무적으로 받습니다. 핀란드에서는 15세가 되면 콘돔이 들어있는 '성교육용 선물꾸러미'를 국가에서 받게 됩니다. 그 결과 10대 임신율은 세계 최저입니다.

유아기 때부터 집에서 올바른 성교육을 하는 것은 아이들이 자라서 건강한 성문화를 가질 수 있게 하는 지름길입니다. 성에 대한 학습은 일상생활 속에서 부모와 친구들을 통해 끊임없이 이루어지는 것입니다.

아이가 호기심으로 "나는 왜 고추가 없어? 왜 나는 앉아서 오줌을 누고 오빠는 서서 눠?"라고 질문할 때는 남녀의 생식기 차이를 알려주어야 합니다. "너도 그런 것 달고 나왔으면 좋았을 텐데"라고 답한다면 여자아이는 남근선망을 가지고 여성성에 대해 열등감을 느끼게 됩니다. 대신 "여자 몸 속에는 아기집이 있지만 남자에게는 없단다"라고 말하고 신체적인 차이가 열등한 것이 아니란 것도 일러주어야 합니다.

"그런 짓 하면 고추 떨어진다." "여자는 얌전해야 한다." 등 성 역할에 대한 고정관념을 심어주는 언행도 삼가야 합니다. 부모들이 아이의 성 정체성에 대해 항상 긍정적인 반응을 보여 아이의 자존감을 높여주는 것도 중요한 성교육입니다.

• • •

유아들의 성적인 장난도 과연 성폭력일까?

최근에는 작은 성폭력에도 민감한 사회 분위기가 만들어지고 있습니다. 그러다보니 유치원 남자아이가 장난으로 여자아이의 엉덩이나 몸을 만지거나 치마를 들추는 행동에 대해서 여자아이의 부모가 소송으로 비화시키는 경우도 드물지 않게 일어나고 있습니다.

만 10세 이하 어린이는 형사 책임을 지지 않지만, 부모들은 아이에게 남의 몸에 손을 대면 안 된다고 가르치지 않은 책임이 있습니다. '남의 몸'이라는 경계에 손을 대면 안 되는 경계선 교육, 그리고 타인을 존중하는 태도와 몸가짐에 대한 교육은 아주 어릴 때부터 이루어져야 합니다.

반대로 다른 사람이 나의 경계에 침입하려 할 때는 단호하게 "아니요"라고 말할 수 있게 가르쳐야 합니다. 그리고 "아니요"라고 말하는 상대의 의견과 감정을 배려하고 존중해야 한다는 것도 5세 유아시절부터 가르쳐야 합니다.

예전에는 노인들이 "예쁘다"면서 남자아이의 고추를 만지는 행위에 대해 별 문제 삼지 않았습니다. 하지만 지금 그런 일이 일어난다면 '유아 성추행'이란 끔찍한 범죄행위를 저지른 것입니다. 이와 마찬가지로 유치원 남자아이의 성적인 장난도 피해자인 여자아이의 부모 입장에서는 문제를 삼을 수밖에 없습니다.

유아기에 이루어지는 바른 성교육은 모든 성교육의 시작이기도 합니다. '아이가 뭘 알고 성적인 의도로 장난을 치겠느냐'고 생각하고 부모들이 그냥 넘어간다면, 자칫 자녀가 자라서 내 눈의 대들보를 보지 못하는 식의 '가해자 중심의 성 인식'을 갖게 될 우려도 있습니다.

2

아들에게 콘돔을 선물해야 하는 이유

유명인들의 성추행 사건들이 폭로되고 있고, 충격적인 성범죄도 잇따라 일어나고 있습니다. 성생활 교육을 통해 성폭행이나 성추행을 예방하는 성교육은 남자아이들에게 더욱 중요해졌습니다.

“선생님, 저 임신했어요.” 진료실에 들어선 A는 갑자기 이렇게 말문을 열었습니다. ‘임신 여부를 확인하려면 산부인과를 가야 할 텐데 왜 정신과를 찾았을까?’ 의아해하던 필자는 어머니로부터 설명을 듣고 정신과를 찾은 이유를 알게 되었습니다.

A는 초경을 시작하고 난 뒤부터 갑자기 말수가 적어지고 침울해졌습니다. 특히 아빠를 보면 슬슬 피하고, 아빠가 자신의 몸에 손도 대지 못하게 했다고 합니다. 평소에 엄마는 남자와는 손만 잡아도 임신을 하게 된다고 가르쳤고, 학교에서는 초경 후에 아기를 가질 수 있다고 배웠는데, 아빠와 이미 여러 번 손을

잡았으니 이제 자신은 아기를 가지게 된 것이 아니냐며 고민된다는 것이었습니다.

이 어이없는 에피소드는 물론 극단적인 예입니다. 하지만 다른 한편에서는 초등학교 고학년 남학생들이 어린 여학생들에게 음란물을 보여주며 똑같이 따라하지 않으면 집단따돌림을 당하게 할 것이라고 협박하는 일까지 일어나고 있습니다.

최근 우리 사회에서는 초등학교 여학생, 임산부와 40대 여성에 이르기까지 그 대상을 가리지 않는 충격적인 성범죄가 잇따라 일어나고 있습니다. 20~30년 전까지만 해도 상상할 수 없었던 어린이 성추행도 늘고 있습니다. 따라서 성폭력 예방을 위한 성교육의 필요성이 한층 강조되고 있지만 가정과 학교에서 제대로 된 성교육은 이루어지지 않고 있습니다.

아이들에게는 인터넷과 스마트폰을 떠도는 각종 음란물들이 성 교과서가 되고 있습니다. "선생님, 섹스가 뭐에요?" "선생님, A양(유명 여자연예인) 동영상 봤어요?" 초등학교 2학년 교실에서 아이들이 한 질문입니다.

선생님이 당황해서 차마 대답을 못하고 있는 사이에 "너는 그것도 몰라? 남자랑 여자가 그거 하는 거야." "인터넷 찾아봐. 거기 다 나와." 등으로 아이들이 대신 대답합니다. 뿐만 아니라 초등학교 아이들은 야한 동영상(야동), 야한 소설(야설), 야동매니아(야매), 야동킬러(킬야동)란 말을 거리낌 없이 친구들과 주고받고 있습니다.

성적 호기심이 왕성한 10대들도 인터넷을 통해 성지식을 습득하고 있습니다. 성적 궁금증이 생기면 인터넷 포털 사이트에 글을 올려보지만 부적절한 정보로 가득한 댓글을 통해 왜곡된 성의식만 키우고 있습니다.

이렇게 생긴 잘못된 성지식으로 청소년들은 10대 임신, 성병 감염, 그리고 성에 대한 폭력적인 태도를 키우고 있습니다. 결국 체계적인 성교육 부재로 아이들이 방치되고 있는 실정입니다.

• • •

아들의 성교육에 관심을 보이는 아빠가 필요하다

우리나라 학교에서의 성교육은 어떨까요? 현재 학교에서 가르치는 성교육은 남녀 신체 차이와 임신·출산에 대한 생물학적인 설명이 대부분입니다. 실제 아이들에게 꼭 필요한 피임법이나 성폭력 대처법 등은 전무한 상태입니다.

그러다보니 많은 학생이 학교 성교육에 만족하지 못하고 있습니다. 성교육을 전담하는 보건교사도 많이 부족합니다.

성교육은 입시에 필요한 주요 과목이 아니기 때문에 아무도 관심을 갖지 않고 있습니다. 부모들도 아이들에게 성에 대해 이야기하는 것을 어렵게 생각합니다. 실제로 가정에서의 성교육은 아이가 음란물에 빠져 있거나 지나치게 자위행위에 몰두하는 등 성에 관한 문제를 보이기 전까지는 관심을 가지지 않습니다.

'열린 성교육'을 가정과 학교에서 제대로 하려면?

성교육 성과에서 OECD 최고인 핀란드에서는 1970년부터 성교육을 필수 교과로 채택했습니다. 우리나라는 2008년부터 중고생에게 연간 10시간의 성교육을 실시하도록 했으나 입시교육에 밀려나 있습니다.

성교육 시간이 연간 평균 5.3시간에 불과한 한국에 비해 핀란드는 연간 40~50시간에 이르고 있습니다. 특히 핀란드는 성적 호기심이 폭발적으로 일어나는 초·중등학교 7~9학년(한국의 중학과정) 학생들에게 성교육을 집중적으로 합니다.

성교육 내용에서도 두 나라는 많은 차이를 보입니다. 중요한 차이 중 하나는 섹스에 관해서 얼마나 상세하고 적나라하게 가르치느냐 하는 것입니다. 정확한 사실을 토대로 아이들 스스로 책임지고 결정하도록 돕는 것이 성교육의 목표일 것입니다.

우리나라는 전 학년 학생들이 강당에 모여 남녀 생식기 구조나 임신·출산에 대한 생물학적 설명을 지루하게 듣는 반면, 핀란드의 성교육은 실제적입니다. 아이들이 궁금해 하는 질문인 '자위는 몸에 해로운가' '피임을 위해 항상 콘돔을 가지고 다녀야 하나' 등에 대해 구체적으로 가르칩니다.

중요한 교육 내용으로 '성은 즐겁고 자연스러우며 상대를 배려하는 책임 있는 행동이 되어야 한다'를 반복해서 교육시켜서 성교육이 인성교육임을 강조합니다. 관계를 중시하는 성 생활 교육을 통해 성폭행이나 성추행을 예방하는 것도 성교육의 주요 목표 중 하나입니다.

성교육 방식에서도 두 나라는 차이가 납니다. 핀란드 성교육은 주입식이 아니라 토론식입니다. 가령 '사랑'에 연상되는 단어를 각자 써내고 토론을 하며, 성교육 비디오를 시청하거나 역할극을 통해 상대를 이해하도록 하고 있습니다.

성평등이 실현되고 있고 개방적인 성문화를 가지고 있는 북유럽 문화는 우리와 많이 다릅니다. 미국이나 핀란드식의 성교육을 그대로 벤치마킹한다고 해서 반드시 성공한다는 보장도 없을 것입니다. 하지만 우리나라의 경우 아이들의 성문화는 하루가 다르게 빨라지고 있는데 가정과 학교에서의 성교육은 이를 따라가지 못하고 있으며, 학교에서의 성교육 시간도 절대 부족합니다. 아이들에게 올바른 성지식을 배울 권리를 인정하고, 가정과 학교에서 '열린 성교육'을 하기 위해 어른들이 머리를 맞대고 고민해야 합니다.

우리나라에서 일어난 미투 운동은 문화예술계·종교계·정치계 등 전체 사회를 흔들고 있습니다. 유명한 사람들이 성추행 가해자로 지목되어 많은 사람이 이들에게 큰 배신감을 느끼고 있습니다.

자신의 권력으로 상대를 성적으로 굴복시키거나, 왜곡된 판단에 근거해 자신의 욕구만족이나 심리적 불안을 회피하는 수단으로 성폭력이 일어나고 있습니다. 유명 시인과 영화감독, 배우가 평생 쌓아온 명성이 하루아침에 허물어지는 것을 보면, 성폭행이나 성추행을 예방하는 성교육은 남자아이들에게 더 중요하다는 사실을 알 수 있습니다.

3

아이가 자위행위를 할 때 웃으며 처리하는 법

아이가 지나치게 자위에 몰두한다면 심리적인 문제가 있는 것입니다. 아이가 외롭다고 느끼거나 걱정과 긴장되는 일이 있는데, 이를 해결할 다른 방법을 찾을 수 없을 때는 자위로 스스로를 위로합니다.

수심 가득한 표정의 부모와 함께 진료실에 들어온 A는 아직 말을 잘하지 못하지만 말귀를 잘 알아듣고, 자기주장도 강한 2살 여자아이였습니다. A는 아빠가 출근하고 난 후 엄마와 둘이 있는 동안 하루 종일 자위행위를 한다고 했습니다. 보기에 민망할 정도로 자위에 열중하고 관심을 다른 데로 돌리려고 해도 소용이 없었습니다.

이처럼 유아기 아동도 자위행위에 집착할 수 있으며, 이때 부모가 보이는 반응이 성교육의 시작입니다. 자위를 못하게 야단만 쳐서는 고쳐지지 않습니다.

유아기 아동의 가장 흔한 성행위는 자위입니다. 한 조사에서는 30% 이상의 여자아이와 70% 이상의 남자아이가 사춘기 이전에 자위경험을 했다고 답했습니다. 자위에 몰두했던 A도 엄마가 우울증에서 회복되어 아이와 즐겁게 놀아주면서 다른 놀이에 집중할 수 있게 되었습니다.

사실 유아들이 자위행위를 하는 이유는 사춘기 이후의 자위행위와는 다릅니다. 다른 신체부위보다 생식기가 예민하기 때문에 우연히 호기심으로 만지게 되어 자위를 시작되는 경우가 많습니다.

• • •

아이의 자위행위는 몇 살에 시작될까?

갓 돌이 지난 아기의 자위행위도 보고된 사례가 있습니다. 우연히 성기가 자극되어 쾌감을 경험하게 되면 아기들은 손가락을 빨듯이 성기자극 놀이에 집중하게 됩니다. 하지만 이런 아기의 자위행위를 내버려두면 흥미를 잃고 중단하게 됩니다. 따라서 유아의 자위행위는 자신의 몸을 발견하고 탐색하는 시도로 보아야 합니다.

5~6세 아이는 남녀의 신체 차이에 호기심을 보입니다. 이때 남자아이들이 자신의 고추를 만지고 놀기도 하는 것은 이런 신체적인 호기심 때문입니다. 남자아이들은 자신의 성기에 무슨 일이 일어나지 않을까, 여자아이들처럼 성기가 없어지지 않을까 두려워하는 '거세공포증'을 느끼게 됩니다.

이때 부모가 "자꾸 고추 만지면 고추 떨어진다"라고 말하면 아이들의 불안감을 부채질하는 것입니다. 그보다는 "그런 놀이는 남이 보지 않는 곳에서 하는 것이 좋다"라고 말해주어야 아이가 성에 대해 필요 없는 불안감을 느끼지 않게 됩니다. 그리고 남자에게 성기가 제거되어 여자처럼 되지 않는다고 안심시켜주는 것도 필요합니다.

자녀의 성적인 놀이에 대해 부모가 지나치게 당황하거나 협박하거나 벌을 준다면 아이는 심리적 부담만 늘어나게 됩니다. 결국 부모에게 비밀을 지키기 위해서 부모와의 사이는 더 멀어질 수밖에 없습니다.

아이가 지나치게 자위에 몰두한다면 심리적인 문제가 있는 것으로 보아야 합니다. 아이가 스스로 외롭다고 느끼거나 걱정과 긴장되는 일이 있는데, 이를 해결할 다른 방법을 찾을 수 없을 때는 자위로 스스로를 위로하려고 할 수도 있습니다. 자위는 아이들에게 두려움과 걱정을 덜어주고 편안한 느낌을 주기 때문입니다. 따라서 아이가 자위하는 기색을 보일 때 부모가 아이를 협박하거나 벌을 주는 것은 오히려 불안한 마음만 더욱 더 키워주는 것입니다.

아이에게 충분한 관심과 애정을 보이면서 아이의 주의를 다른 곳으로 돌리고 부모와 함께 신체접촉을 하는 놀이를 해야 합니다. 유아기 아동과 초등학생의 자위행위는 진정으로 성적인 의미를 가진다기보다는 아이가 정서적인 문제를 가지고 있다는 것을 암시한다고 보아야 합니다.

• • •

아이의 자위행위는 몸에 나쁠까?

19세기와 20세기 초 미국과 유럽 사회에는 자위행위를 하면 엄청난 일이 생긴다는 미신적인 두려움이 팽배했습니다. 자위를 하면 불임이 되고, 정신 이상과 죽음에까지 이를 수 있다고 믿었습니다. 당시 10대 아이의 부모들이 알루미늄 장갑으로 자녀의 손을 막았을 정도였습니다. 그러나 자위행위는 아이가 자위에 대해 지나친 죄책감을 갖게 되는 것 외에는 실제로 해가 되지 않습니다.

청소년의 경우 심리적·생리적인 변화로 성적인 호기심이 폭발적으로 일어납니다. 당연히 자위행위도 증가하는데 남자아이들의 경우는 자위 횟수가 급격하게 증가해 일주일에 3~5번 정도의 자위를 하고 오르가슴을 성취하는 데 더 집중하게 됩니다. 청소년의 자위행위는 성적인 긴장감과 불안을 감소시키고, 성적 환상의 배출구를 제공합니다.

남학생들의 자위는 여학생에게 호감을 가지면서 자연스럽게 줄어듭니다. 하지만 청소년기의 지나친 자위는 긴장과 불안을 해소하기 위한 방법으로 선택되는 경우가 많습니다. 이때는 무엇이 아이에게 긴장을 초래하는지를 찾아내는 것이 더 중요합니다.

• • •

자위행위를 할 때 지켜야 할 원칙

자위행위는 건강한 청소년들이 성욕을 해결하는 가장 손쉬운 방법이자 자연스런 행동이기도 합니다. 하지만 건강한 자위행위를 위해 몇 가지 원칙은 반드시 지키도록 아이를 지도해야 합니다.

첫째, 청결에 유의해야 합니다. 자위를 하기 전에는 반드시 손을 깨끗이 씻고 끝난 후에도 뒤처리를 깔끔하게 하도록 합니다. 더러운 손이나 불결한 속옷, 생식기를 잘 씻지 않았을 경우에는 자위행위로 인해 요도에 염증을 일으키거나 심해지면 방광염까지 걸릴 수 있기 때문입니다.

둘째, 손으로만 하도록 합니다. 도구를 이용하게 되면 생식기에 상처가 생기기 쉬우며, 세균 감염의 우려도 있습니다. 질 점막은 아주 부드러운 조직이라 쉽게 상처가 날 수도 있고, 그로 인해 염증이 생길 수도 있습니다.

셋째, 음란물은 끄도록 합니다. 음란물을 보면서 자위행위를 하게 되면 실제로 자신의 몸을 느끼고 조절하는 것이 어려워질 수도 있습니다. 음란물중독으로 인한 자위중독을 예방하기 위해서라도 음란물은 반드시 끄도록 합니다.

넷째, 죄책감이 없어야 합니다. 자위행위는 성욕을 해소하는 지극히 정상적인 행위입니다. 지나친 죄책감은 성에 대해 필요 없는 불안감만 키울 뿐입니다.

다섯째, 혼자서 문을 잠그고 하도록 합니다. 자위행위는 지극히 개인적인 일로, 부모라 하더라도 자녀의 사생활을 지켜주는 마음이 필요합니다.

• • •

아이의 자위 중독을 예방하기 위한 방법

아이의 자위중독을 사전에 예방하려면 다음 3가지를 명심해야 합니다.

첫째, 욕구부족 상태의 원인을 파악해야 합니다. 아이들은 조급하거나 어떤 일을 서두르거나, 긴장할 때 욕구부족 상태를 느낍니다. 욕구부족 상태를 해소하기 위해 자위에 몰두할 수 있기 때문에 먼저 무엇 때문에 욕구부족 상태가 되었는지를 살펴보아야 합니다.

둘째, 아이가 외로움을 느끼지 않도록 합니다. 외로움을 느끼고 허한 마음을 달래기 위해 자위나 다른 성적인 행동을 하는 아이들도 있습니다.

셋째, 아이의 몸이 피곤하지 않도록 해야 합니다. 아동기의 자위는 지루하고 피곤할 때 하는 자기자극 놀이입니다. 아이가 주의를 다른 곳으로 돌릴 수 있도록 부모가 도와야 합니다.

4

야동에 빠진 우리 아이, 어떻게 해야 할까요?

부모들은 음란물에 대해 아이들과 대화할 수 있어야 합니다. 음란물중독에 빠지면 모방하고 싶은 충동 때문에 성범죄자가 될 수 있다는 사실을 아이들에게 일러주어야 합니다.

우리나라에서 청소년과 어린이, 특히 초등학교 아이들의 음란물 노출이 이미 심각한 수준에 도달해 있다는 것은 이미 알려져 있습니다.

"야동을 처음 보았을 때 너무 자극적이어서 눈을 뗄 수가 없었어요. 호기심에 계속 보다 보니 장면들이 머릿속에서 지워지지 않아 다시 보게 되었어요."

"학교에 가면 친구들이 모두 야동 속에 나오는 사람처럼 보였어요. 야동을 매일 보다 보니 따라해보고 싶은 충동을 참을 수 없었어요."

성충동을 이겨내지 못하고 성폭행이나 성추행 같은 성범죄를 저지르는 학생들이 한결같이 하는 말들입니다.

• • •

음란물중독 4단계란 무엇인가?

미국 심리학자인 빅터 클라인은 '음란물중독 4단계'를 주장했습니다. 1단계에서 호기심으로 음란물을 보며, 2단계는 계속 음란물을 보다 보면 내성이 생겨 점점 더 자극적인 것을 찾게 되며, 3단계는 음란물 속 내용이 일반적인 성적 행동이라고 생각하게 되는 무감각단계가 되며, 4단계에서는 실제로 경험해보고 싶은 욕구가 생겨 음란물을 모방하는 시도를 하게 되고, 이런 모방 시도는 대개 성폭력으로 나타나게 된다는 것입니다.

초등학교 5학년부터 고등학교 2학년까지 1만 2천여 명을 대상으로 행정안전부가 실시한 '청소년 성인물 이용 실태 조사'에 따르면 39.5%가 성인물을 본 적이 있다고 대답했습니다. 이들은 대부분 호기심 또는 재미로 봤다고 했고(중독 1단계), '안 보면 허전하다'는 금단증상을 호소하는 아이들이 16.1%였고, '더 자극적인 성인물에 집착하게 되었다'는 내성을 보이는 아이들도 14%에 달했습니다(중독 2단계). 16.5%는 '변태적인 장면도 자연스럽게 여기게 되었다'고 대답했고(중독 3단계), 14.2%가 '따라하고 싶었다'고 했고 '성추행·성폭행 충동을 느꼈다'고 답한 아이들도 5%나 되었습니다(중독 4단계).

청소년 열 명 중 한두 명은 이미 음란물중독에 빠져있다는 것을 생생히 보여주는 통계입니다. 음란물에 노출되어 있는 아이들은 그렇지 않은 아이들에 비해 성범죄율이 5배 이상 높다는 보고도 있습니다.

더욱 우려되는 점은 음란물을 처음 접하는 나이가 점차 어려지고 있다는 것입니다. 최근에는 초등학교 학생들이 스마트폰으로 음란물을 접하는 것을 본 부모들의 상담도 부쩍 늘어나고 있습니다. 성범죄를 저지른 고등학생을 대상으로 한 조사에서도 초등학교 1~3학년 때 음란물을 처음 접한 학생들의 성범죄 비율이 가장 높은 것으로 밝혀졌습니다. 음란물을 처음 본 나이가 어릴수록 중독의 위험이 높고, 성범죄 위험도 높아집니다.

음란물중독으로 인한 성범죄 충동은 아이들이 겪게 되는 여러 심각한 문제들의 일부에 불과합니다. 감수성 높은 시기에 포르노물에 노출되면 청소년의 뇌는 어느 시기보다 큰 손상을 입게 됩니다. 음란물에 단기간 노출되고도 중독에 빠지는 아이들도 있습니다.

일단 음란물에 중독되면 현실과 환상이 구분되지 않는 병적인 성적 환상을 가지게 되고 이 환상은 뇌에 각인되어 평생 남게 됩니다. 아이들은 음란물 속의 성폭행, 신체폭력, 여성비하 등의 엽기적 성행위 영상들을 수년이 지나도 세세한 부분까지 기억합니다.

• • •

음란물중독 예방을 위해 부모가 해야 할 일

음란물중독은 게임중독보다 더 심각한 후유증을 남깁니다. 음란물중독 예방을 위해 가정에서는 음란사이트 차단 프로그램을 설치할 뿐만 아니라 가족 내 인터넷 사용수칙을 정해야 합니다. 부모는 자녀가 평소에 인터넷과 스마트폰으로 무엇을 찾아보는지 지켜보아야 합니다. 그리고 부모와 교사들은 야동(아이들과 대화할 때는 음란물이나, 포르노보다는 야동이라고 하는 것이 대화하기 쉽습니다)에 대해 아이들과 대화할 수 있어야 합니다. 음란물중독에 빠지면 모방하고 싶은 충동 때문에 성범죄자가 될 수도 있다는 사실도 아이들에게 일러주어야 합니다.

야한 동영상은 '가짜 성'입니다. 이러한 동영상은 생명이나 사랑에 대한 생각보다는 성적 호기심을 부추기기 위해 만들어

19
19

진 것입니다. 중독성이 강할 뿐만 아니라 한 번 본 것은 시시해져서 더 강한 것, 더 야한 것을 찾게 됩니다. 야동에 중독되면 더 폭력적인 것, 더 변태적인 것에 빠져들게 됩니다. 10대 아이들은 생명과 사랑, 성적 쾌락에 대한 깊은 고민을 통해 성관계를 배워가야 하는데, 야동의 강렬한 자극은 풍부한 인간관계를 생각하지 못하게 만듭니다.

또한 야동은 잘못된 성지식을 심어줍니다. 아이들에게 성기와 행위만을 생각하는 성을 가르치고, 쾌락의 감각도 왜곡시킵니다. 음란물에 나오는 배우들은 대부분 성적 쾌감을 연기하는데, 동영상의 수위를 높이기 위해 신음소리도 크게 내고 무리한 동작도 보여줍니다. 또 실제로 여성들이 혐오하는 행위도 마치 여성들이 좋아하는 것처럼 꾸미기 때문에 야동이 사실과 다르다는 것을 아이들은 정확하게 알 필요가 있습니다. 남성의 성기도 지나치게 크게 보이게 만들어서 일반적인 남성이 자신의 성기와 비교해서 열등감을 갖기도 합니다.

음란물을 통해서 상대에 대한 존중과 배려가 빠진 왜곡된 성의식을 가지게 되면, 나중에 자라서 정상적인 남녀관계나 결혼생활이 불가능하게 된다는 것도 가르쳐야 합니다. 필자는 진료실에서 야동만 보고 배우자에게는 무관심한 배우자 때문에 고통을 호소하고 이혼을 생각하는 부인들을 많이 만나고 있습니다. 성교육 프로그램에 음란물 예방교육이 반드시 포함되어야 하는 이유입니다.

실제로 대중매체나 음란물에서 그려진 것과 다르게 성 생활에 대해 이야기하고 보다 안정된 섹스와 섹스를 미루어야 하는 이유에 대해서도 부모는 설명할 수 있어야 합니다.

음란물이 주는 부정적인 영향은 크게 3가지입니다. 첫째, 음란물에 자주 접하다 보면 음란물중독에 빠질 수 있습니다. 거의 매일 또는 일주일에 3~4회 이상 음란물을 보는 경우에는 중독의 위험이 높아집니다. 둘째, 폭력적이고 성적인 행동을 하고 싶은 충동을 느끼게 됩니다. 연령에 상관없이 음란물에 중독되면 불법촬영(몰카)과 같은 범죄 충동을 느끼게 됩니다. 셋째, 음란물 시청은 혼자 하는 경우가 많아 대인관계를 기피하고 사회적 고립을 초래할 수 있습니다.

5

성중독의 위험성, 우리 아이도 꼭 알아야 한다

'지쳤을 때나 화가 났을 때, 혼자 남겨졌다고 생각할 때 나중에 부끄러워하게 될 자기 파괴적인 실수를 범하게 되었다.' 빌 클린턴 전 미국 대통령은 자서전에서 자신의 성중독을 고백했습니다.

“섹스도 정말 중독이 되나요? 남편이 성적인 쾌락을 너무 즐긴다고만 생각했는데…”

음란물에 빠져 자위행위에 탐닉하는 남편이 걱정되어 병원을 찾는 아내들에게 섹스중독이 의심된다고 하면, 대부분의 아내들은 이런 반응을 보입니다. 이처럼 섹스중독은 우리에게는 아직 익숙하지 않은 말입니다.

필자는 25년 전 미국 유학 당시 자신이 성중독자라고 말하는 여성을 우연히 TV토크쇼에서 보고 큰 충격을 받은 적이 있습니다. 이 여성은 어린 시절 성폭행을 당한 후유증으로 성중독이 된 자신의 인생경험을 책으로 출간해 큰 화제가 되었습니다. 당시에 필자는 비록 성중독증이 있다고 해도 자서전을 통해 자신의 상처를 들여다보는 것은 대단히 용기있는 행동이라고 생각했습니다.

섹스중독이란 말은 미국의 상담교육학자인 패트릭 칸즈에 의해 만들어졌습니다. 그는 1983년 책 『어둠속으로부터Out of the shadow』에서 술과 담배에 중독되듯 섹스에도 중독이 될 수 있다고 했습니다. 성중독은 음란물에 몰입하거나 불특정 다수와 정사를 벌이고 끊임없이 자위를 하는 등 통제할 수 없이 성행위에 몰입하는 상태입니다.

성중독이라는 용어가 세계적으로 널리 알려진 것은 유명 인사들의 섹스 스캔들 때문입니다. 골프 황제 타이거 우즈와 지퍼게이트의 주인공인 빌 클린턴 전 미국 대통령, 그리고 도미니크 스트로스칸 전 IMF(국제통화기금) 총재와 영국 프리미어리그 맨체스터 유나이티드 소속이었던 축구선수 라이언 긱스도 성중독이 있는 것으로 밝혀진 유명 인사들입니다. 타이거 우즈와 라이언 긱스는 스스로 성중독임을 인정하고 재활센터에서 치료를 받기도 했습니다.

무엇이 이들을 성중독자로 만들었을까요? 클린턴 전 미국 대통령은 알코올중독인 계부의 폭력으로 상처받은 유년기를 보냈습니다. '지쳤을 때나 화가 났을 때, 혼자 남겨졌다고 생각할 때 나중에 부끄러워하게 될 자기 파괴적인 실수를 범하게 되었다.' 빌 클린턴 전 미국대통령은 퇴임 후 발간한 자서전 『나의 인생My life』에서 자신이 섹스 스캔들에 휘말리게 된 심리 상태를 이렇게 고백했습니다. 성중독이란 용어를 만든 패트릭 칸즈는 성중독자의 80% 이상이 어린 시절 가정에서 학대받은 경험이 있다고 했습니다.

• • •

누가 성중독자가 되는 걸까?

이렇게 성중독 문제가 유명 인사를 통해 자주 드러나기 때문에 성중독은 우리 사회의 권력자들이나 사회적으로 성공한 사람들에게만 나타나는 것처럼 보입니다. 하지만 성중독은 특정한 사람에게만 생기는 문제가 아닙니다. 성중독은 성별, 연령, 사회계층에 상관없이 그야말로 사회 전반에 독버섯처럼 퍼지고 있습니다.

특히 우리나라는 세계에서도 손에 꼽히는 인터넷 강국답게 누구나 온라인상에서 음란물을 쉽게 접할 수 있게 된 것이 성중독자가 급증하게 된 원인으로 지목됩니다. 우리나라에는 성중독에 대한 정확한 통계치가 없지만, 일반적으로 전체 성인인구의 5~6%(200만 명 정도)가 성중독일 것으로 추정하고 있습니다.

사회적 금단의 주제인 섹스에도 중독될 수 있다는 사실은 본인이나 가족이 인정하기가 어렵기 때문에 잘 드러나지 않을 뿐입니다. 얼마 전 한 인터넷 커뮤니티 사이트에서 네티즌을 대상으로 실시한 설문조사에서도 가장 끊기 어려운 중독으로 10명 중 4명이 성중독을 선택했습니다.

"한국 남자들은 참 이상해요. 겉으론 아닌 체하면서 뒤에선 딴짓을 하잖아요?" 필자가 만난 외국인 신부인 A씨는 이렇게 우리나라의 왜곡된 성문화에 대해 쓴소리로 대화를 시작했습니다.

필자가 그 신부님을 뵙기를 청한 것은 우리나라에서 섹스중독자들을 위한 자조단체인 익명의 성중독자 모임Sex Addicts Anonymous을 이끌고 있기 때문입니다. 그는 아무도 성중독자들에게 관심을 가지지 않을 때였던 2007년부터 지금까지 모임 후견인으로 일하고 있습니다.

"사람 사는 곳은 다 마찬가지예요. 왜 한국에는 성중독자가 없었겠어요. 2003년에는 주한 외국인들을 위해 처음 모임을 만들었는데 지금은 모두 한국 사람들이죠."

• • •

성중독자 모임, 한 줄기 따뜻한 햇살이 되다

신부님인 A씨는 지금도 서울의 모처에서 주 2회 익명의 성중독자 모임을 마련하고 있습니다. 현재 이 모임에는 10명 정도의 성중독자들이 모여 자신의 이야기를 풀어놓고 있습니다.

이곳에서는 알코올중독자들의 모임인 익명의 알코올중독자 모임Alcoholic Anonymous과 마찬가지로 12단계 집단치료를 실시합니다. 같은 문제를 가진 사람들이 모여서 동병상련하며 경험을 나누고 해결책을 제안하며 서로 돕는 자조 프로그램입니다. 자신의 성적인 문제를 감추지 않고 솔직히 드러내고 인정하는 것이 치료의 시작이기 때문입니다.

어린 시절 아버지로부터 심하게 성폭행을 당한 뒤 자라서는 성중독이 되어버린 B씨는 자신의 중독에 대해 이렇게 설명했습니다.

"섹스를 쾌락 때문에 한 게 아니에요 마약중독자가 주사를 맞을 수밖에 없는 것과 마찬가지죠. 쇠사슬에 매여 끌려가는 노예처럼 비참해요. 항상 죄책감과 두려움을 느껴도 충동이 올라오면 조절되지 않았습니다." "일단 발동이 걸리면 섹스 생각으로 직장에서 일을 제대로 할 수가 없어요." 성중독자들은 자신의 행동으로 가족관계를 망치고, 사회적으로도 부정적인 결과를 초래하는 자신의 충동을 멈출 수 없어 괴로워합니다.

"깜깜한 어둠 속에서 한줄기 따뜻한 햇살이 뼛속까지 스며드는 느낌이었어요." 성중독자 모임에 참석하는 B씨는 모임에서 자신의 문제를 처음 털어놓았을 때의 느낌을 이렇게 표현했습니다. 성중독자 모임에 참석하는 사람들은 그동안 아무에게도 말하지 못했던 자신의 문제를 멤버들에게 말할 수 있고, 언제든지 문제가 생겼을 때 전화로 도움을 받을 수 있는 후견인이 있다는 것이 가장 큰 도움이 된다고 했습니다.

성중독자들이 모여 재활의 의지를 다지는 성중독자 모임은 성중독의 원인으로 지목되고 있는 어린 시절의 학대와 같은 개인의 경험으로 인한 정신적 트라우마를 치유하는 길을 보여줍니다.

하지만 자신이 중독 상태에 있다는 것을 자각하지 못하는 성중독자들도 많고, 자각하는 경우에도 성중독자임을 인정하지 않는 경우도 많습니다. 이들이 자신의 문제를 자각하고 도움을 받기 위해서는 가족과 주변 사람들, 그리고 사회의 이해와 도움이 절실히 필요합니다.

성중독 예방을 위해 성중독을 촉발시키는 음란물에 대한 더욱 엄격한 규제도 필요합니다. 그리고 가정과 학교에서는 성교육을 통해 아이들에게 음란물을 보고 성적 자극에 반복해서 노출되면 성중독에 빠질 수도 있다는 것을 분명하게 가르쳐야 합니다.

사춘기 아이들의 성충동을 부추기는 우리 주변 환경도 어른들의 노력으로 개선해야 합니다. 어디서나 눈길만 돌리면 말초신경을 자극하는 장면으로 가득한 환경이 성중독자 증가에 일조하고 있기 때문입니다.

6

요즘 아이들의 첫 성관계는 언제일까?

성경험이 있는 10대들의 성관계 시작 나이가 2007년에는 14세였는데 2015년에는 12세, 2017년에는 12세 이하로 점차 빨라지고 있는 것은 충격적인 일입니다.

아이들은 예전에 비해 더 빨라진 사춘기를 겪습니다. 그러다보니 아이들은 신체 변화와 함께 여러 종류의 다양한 성경험을 하고 있습니다.

질병관리본부는 매년 '청소년 건강행태 온라인조사'를 실시해 아이들의 성경험에 대한 조사를 하고 있습니다. 조사 결과, 성경험이 있는 10대들의 성관계 시작 나이가 2007년은 14세, 2011년에는 13.6세, 2015년에는 12세, 2017년에는 12세 이하로 나타났습니다. 성관계 시작 나이가 점차 빨라지고 있는 것은 충격적인 일입니다.

성관계를 경험한 여학생의 10.5%는 임신을 경험한 적이 있으며, 10.1%의 남학생과 10.3%의 여학생이 성병에 걸린 적이 있는 것으로도 조사되었습니다. 이렇게 아이들은 10대 임신과 성병 감염의 위험에 노출되어 있습니다.

성교육이 지향하는 2가지 목표

성교육의 목표는 성범죄 예방입니다. 그리고 10대 임신과 에이즈 같은 성병 감염을 예방하는 것입니다. 외국에서는 에이즈가 줄어드는데 우리나라 10·20대 에이즈 감염은 최근 10년 사이에 4배로 증가했습니다. 10대에 에이즈 같은 성병의 위험이 커지는 가장 큰 이유는 학교와 유관시설에서 실시하고 있는 성교육이 부실해 청소년 성병 예방에 큰 도움이 되지 않고 있기 때문입니다.

이것이 우리가 처한 현실이며, 과거와 비교해 격세지감을 느낄 정도로 큰 변화가 왔습니다. 앞으로 더욱 큰 변화가 올 것이며, 17세 이전에 반 이상이 성관계 경험을 하는 미국처럼 되지 않는다는 보장은 없는 것입니다. 아이들은 이미 스마트폰 등을 통한 포르노물에 무차별적으로 노출되어 있으며, 유해음란물을 100% 막는 것은 현실적으로 불가능합니다. 그러면 부모들은 어떻게 해야 할까요?

엄마가 딸에게 해야 하는 성교육

미국에서는 순결교육과 피임교육을 동시에 실시해 첫 성교나이를 16세 이후로 늦추게 하자는 주장이 있습니다. 현재 미국에서는 50% 이상의 아이들이 16세 이전에 첫 성교를 경험하는 것으로 나타났기 때문입니다. 그리고 미래의 부모들인 10대 청소년의 성과 생식에 관한 건강을 지키는 것을 목표로 학교에서 성교육을 실시하고 있습니다.

10대의 성관계는 원치 않는 임신과 성병, 낙태로 이어질 수 있습니다. 피임교육을 제대로 받지 못하고 사후대책도 없는 상태에서 아이를 갖게 되면 10대 엄마와 아이 모두 제대로 성장하기 힘듭니다.

10대 인공 임신중절의 절반은 피임 실패가 결정적인 원인입니다. 10대의 낙태 수술은 죄책감과 우울증 같은 정신적인 후

HIV

유증과 자궁 외 임신, 불임 같은 신체적 후유증도 낳을 수 있기 때문에 10대 여자아이들은 반드시 제대로 된 성교육을 받아야 합니다. 만약 10대가 임신을 하게 된다면 피임에 대해 알려주지 않은 부모의 잘못도 있다고 할 수 있습니다.

10대 임신을 막으려면 부모가 먼저 변해야 합니다. 10대 자녀에게 피임법을 가르치려면, 우선 부모들이 어색하고 불편하더라도 자녀와 성에 대해 언제라도 이야기할 수 있어야 합니다. 부모가 불편한 감정을 누르고 자녀의 성문제에 대해 걱정한다는 이야기를 전한다면, 아이들은 도움이 필요할 때 부모에게 도움을 자연스럽게 요청할 것이기 때문입니다.

• • •

10대가 성적 호기심을 가질 때 부모가 해야 할 일

미국 위스콘신 메디슨 대학의 메건 A. 모레노 박사팀은 대학 신입생 85명의 페이스북의 내용을 분류하고 분석했습니다. 그 결과 게시물의 54%가 위험한 성적 행위에 대한 정보를 담고 있으며, 24%는 성행위에 관해 입에 올리고 있다고 밝혔습니다.

이것은 청소년들이 성적 호기심을 인터넷이나 주변의 여러

매스미디어를 통해 잘못된 방법으로 채워나가고 있다는 것을 보여주고 있습니다. 모레노 박사는 10대의 성적 호기심에 대해 이렇게 조언했습니다.

"부모나 의사가 10대 자녀와 언제 성문제에 대해 이야기하는 것이 좋을지를 고민해야 한다. 그렇다면 아이의 온라인 게시물이 성적인 호기심으로 가득 차 있을 때가 바로 기회이다."

다시 말해 자녀가 성적 호기심을 보일 때 이를 무시하거나 강제로 그 호기심을 누르려고 하지 말고, 그 대신 성교육의 기회로 보라는 뜻입니다.

성은 저절로 알아지는 지식이 아닙니다. 그냥 덮어두려는 것보다는 아이의 성적 호기심에 대해 공감하고 이해해주는 자세를 가져야 합니다.

그런 다음 토론과 대화를 해야 합니다. 좀더 적극적으로 상품화된 성에 대해 토론해본다든지, 남성과 여성의 성적 차이는 어떻게 생각하고 있는지 등 성에 대한 문제의식과 올바른 성 가치관에 대해 이야기를 나누어야 합니다.

부모가 알아야 할 성교육 4가지 원칙

부모가 알아야 할 성교육 원칙은 다음과 같습니다.

첫째, 아이가 성적인 흥미를 드러낼 때는 부모로서 지나치게 당황하거나 협박하는 것을 피해야 합니다. 부모의 과잉반응은 아이에게 심리적인 부담감만 주게 되고, 부모에게 비밀을 지키기 위해 부모와 정서적으로 멀어지게 됩니다.

둘째, 남자아이들은 거세불안(자신의 성기가 없어지지 않을까 걱정하는 것)을, 여자아이들은 남근선망(남자처럼 성기가 있기를 바라는 것)을 느낄 수 있습니다. 따라서 부모에게 성기에 대해 얼마든지 물어볼 수 있다고 느끼게 해야 합니다.

셋째, 자위행위를 하면 "네 방에서 혼자 하는 것"이라 말해주고, 지나치게 자위에 몰두할 때는 심리적인 원인을 찾아봐야 합니다.

넷째, 아이와 함께 성교육 책을 읽거나, 〈동물의 세계〉 같은 TV 프로그램에 나오는 짝짓기를 보고 이야기를 나누어서 가정에서 자연스럽게 성교육을 하는 기회를 만듭니다.

7

엄마들이 가장 알고 싶어하는 유아 성교육 궁금증

성교육은 아주 어릴 때부터 해야 합니다. 유치원에 다닐 때부터 남녀 신체부위의 차이를 가르치는 것이 성교육의 시작입니다. 그러기 위해서는 엄마부터 우선 깨어 있어야 합니다.

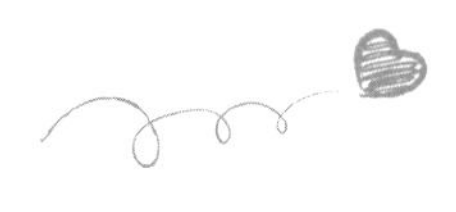

2017년부터 전 세계적으로 시작된 '미투 열풍#Me too'으로 최근에는 작은 성폭력에도 민감해지는 사회 분위기가 만들어지고 있습니다. 유치원 시절부터 남의 몸이란 경계에 손을 대면 안 되는 경계선 교육과 타인을 존중하는 태도와 몸가짐에 대한 교육이 매우 중요해졌습니다.

아이가 아직 어린데 성적인 의도가 있겠느냐고 생각하는 것은 잘못된 것입니다. 유아기에 이루어지는 바른 성교육은 모든 성교육의 시작이기도 합니다.

• • •

유아 성교육,
엄마는 이것이 궁금하다

Q. 예전에 비해 아이들이 성에 대해 일찍 눈을 뜨고 있습니다. 아이들의 빨라진 성 인식의 이유는 무엇인가요?

A. 요즘은 1~2세 아기들도 스마트폰으로 놀게 하는 경우가 많습니다. 인터넷이나 소셜 미디어의 폭발적인 성장과 함께 아이들이 음란물에 노출되는 수준이 높아지고 우연히 접하게 된 음란물에 자극되어 아이들이 예전에 비해 일찍 성에 대해 눈뜨게 됩니다.

Q. 아이들의 성 인식은 몇 세부터 생기게 되나요? 그리고 성교육의 적기는 언제인가요?

A. 성 인식도 아이들의 신체적, 정신적 발달과 함께 일어나는 것입니다. 아이들은 자라면서 자신의 몸을 탐색하는 과정에서 성적인 쾌감도 저절로 알게 됩니다.

2009년에 발간된 유네스코의 〈국제 성교육 지침서〉에는 5세부터 성교육을 시작해야 한다고 권하고 있습니다. "자신의 성기를 만지면 쾌감을 느낄 수 있다"고 아이에게 분명히 말해줄 필요가 있다고 했습니다. 그 이유는 아이들이 어린 시절부터 자신의 성충동을 잘 다루어 성폭행 범죄자가 되는 것을 막아야 하기 때문입니다.

Q. 그렇다면 성교육의 적기를 놓치거나 가정과 교실에서 성교육을 회피하면 어떤 문제가 생기게 되나요?

A. 성교육의 목표는 2가지입니다. 성폭행을 예방하고 10대 임신과 에이즈를 비롯한 성병을 예방하는 것입니다. 어른들이 방치하는 사이 아이들은 인터넷을 통해 왜곡된 성교육을 받고 있습니다. 요즘 몰카 범죄에 연루되어 상담을 요청하는 사춘기 아이들이 많아지고 있습니다. 몰카는 심각한 성중독이자 성범죄라는 인식과 교육이 부족합니다.

Q. 유치원에서 원아들 사이에 성기를 보거나 만지는 등의 성희롱 사건이 문제가 되고 있습니다. 유아들이 성적인 장난을 하는 것을 어떻게 다루어야 하나요?

A. 이성형제 없이 자란 아이들이 남녀 신체 차이에 호기심을 느끼고 여자친구의 치마를 들추거나 여자 화장실에 들어가 보는 일이 일어날 수 있습니다. 이런 일을 예방하려면 유치원에서 성교육을 해 아이들에게 남녀의 신체 차이를 가르쳐야 합니다. 그리고 다른 사람의 몸에 손을 대는 것은 다른 사람을 침범하는 행동이라는 '경계선 교육'을 가르쳐야 합니다. 반대로 다른 사

람이 내 몸에 손을 대면 '아니요'라는 거부의사를 분명히 밝히도록 지도해야 합니다.

Q. 효과적인 유아 성교육 방법이 있을까요?

A. "나는 왜 고추가 없어?" 같이 어른들 입장에서 듣기 거북한 질문을 받았을 때가 가장 좋은 성교육의 기회입니다. 아이들 수준에 맞게 간단하고 사실적으로 설명할 수 있는 준비가 필요합니다. 거북한 질문에 대해 어른들이 회피하고 얼버무리면 아이들은 자신의 질문이 잘못된 것이라 여기고 숨기게 됩니다.

성교육은 생활교육입니다. 매일 저녁 성교육 책을 한 장씩 읽어주는 북유럽 아빠들처럼 가정에서 유아 성교육에 더 많은 관심을 가져야 합니다.

8

엄마들이 가장 알고 싶어하는 10대 성교육 궁금증

가정에 10대 청소년이 있다면 피임법과 자위행위에 대한 성교육을 꼭 실천해주기 바랍니다. 사후피임약을 과신하면 안 되고, 콘돔 사용이 가장 안전하다는 것을 알려주어야 합니다.

많은 부모는 아이들이 자라서 성 관련 지식을 저절로 알게 될 것이란 잘못된 편견을 가지고 있습니다. 부모들은 깨끗한 우리 아이에게 성에 대한 이야기를 하는 것은 아이의 순수성을 더럽히거나 오히려 아이의 성욕을 자극할 것이라고 생각합니다.

하지만 가정과 학교에서 방치한 사이에 아이들은 인터넷을 통해 잘못된 성교육을 이미 너무 많이 받고 있습니다. 부모는 가정에서 실천할 수 있는 성교육 매뉴얼을 숙지하고 있어야 합니다.

• • •

10대 성교육,
엄마는 이것이 궁금하다

Q. 성교육을 꼭 부모가 해야 하나요? 성교육을 가정에서 해야 한다는 말을 들었습니다. 사춘기가 되어 생리나 몽정을 시작한 뒤에 성교육을 시키면 늦다는 이야기도 들었습니다. 하지만 막상 성교육을 시키려고 하니 부모 입장에서 쑥스럽고 당황스러워 뭐라고 해야 할지 궁금합니다.

A. 현재 미국에서 10대 미혼모가 50만 명에 이른다고 합니다. 10대의 성관계는 원치 않는 임신과 낙태로 이어질 수 있습니다. 만약 10대가 임신을 하게 된다면 피임에 대해 알려주지 않은 어른들의 잘못도 있습니다. 자녀에게 피임을 가르치려면 우선 부모가 어색하고 불편하더라도 아이와 섹스에 대해 이야기할 수 있어야 합니다.

어떤 부모들은 자녀와 성에 대해 이야기하면 오히려 아이들의 성에 대한 호기심을 자극하지 않을까 걱정합니다. 하지만 부모가 먼저 자녀의 성문제에 대해 걱정한다는 말을 한다면 아이들은 도움이 필요할 때 부모에게 편안한 마음으로 도움을 요청하게 될 것입니다.

최근에 사춘기 여자아이들은 인터넷을 통해 불법으로 사후피임약을 구입하고 있습니다. 사후피임약으로 낙태를 쉽게 할 수 있다고 생각하고 남자친구와 성교를 하는 경우도 있습니다. 사후피임약은 낙태 실패, 자궁 외 임신 등 심각한 문제를 일으킬 수 있습니다. 더 안전하고 몸에 해롭지 않은 콘돔 사용 등의 피임법을 먼저 가르쳐야 합니다.

Q. 아이가 몇 살일 때 성교육을 시작해야 하나요?

A. 초등학생을 대상으로 한 조사에서 가정에서 성교육을 받았다고 답하거나 부모와 성에 대한 이야기를 나눈 경험이 있다고 답한 아이들은 손꼽을 정도였습니다. 성교육은 아주 어릴 때부터 해야 합니다. 유치원에 다닐 때 남녀의 차이를 가르치는 것이 성교육의 시작입니다.

사춘기가 되어 신체적인 변화가 일어나면 더 구체적인 성교육이 필요합니다. 성호르몬에 의해 신체가 변하고 이성에게 감정을 느끼면, 특히 남자에게는 강한 성충동이 생길 수 있다는 것도 알려주어야 합니다. 언젠가 다 알게 될 텐데 왜 미리 가르쳐야 하냐는 생각은 잘못된 생각입니다.

Q. 남자아이들이 자위를 할 때 부모로서 어떻게 해야 하나요?

A. 실제로 사춘기 남자아이들은 일주일에 3~5번 정도의 자위를 합니다. 자위를 하면 머리도 나빠지고 키도 자라지 않고 나

중에 결혼해서도 불임이 될 수 있다고 믿는 아이들도 많습니다. 성적 욕구는 건강한 사람에게 나타나는 자연스러운 현상임을 알려주세요.

남자아이의 경우 아빠가 이런 교육을 시키는 것이 더 좋습니다. 건강한 자위에 대해 부모가 가르치지 않으면 어린 나이에 친구나 음란물을 통해 호기심으로 하게 되는 경우도 많습니다. 심한 경우 중독에 빠져 자신에 대해 죄책감을 느끼면 정신건강에도 나쁩니다.

만약 가정에 10대 청소년이 있다면 피임법과 자위행위에 대한 성교육을 꼭 실천하시기 바랍니다. 사후피임약을 과신하면 안 되고, 콘돔 사용이 가장 안전하다는 것을 알려주어야 합니다. 자위행위는 지극히 정상적인 것이고 일주일에 1~2회가 적당하며 예의를 지키고 손을 깨끗하게 해서 청결에 유의해야 한다는 것도 꼭 알려주시기 바랍니다.

Q. 중학생인 아들이 자위행위를 심하게 하는 것 같습니다. 몸에 나쁜 영향을 주는 건 아닐까요?

A. 자위행위도 나이에 따라 그 의미가 다릅니다. 영유아 시기에 심하게 자위를 하는 아이도 있습니다. 이 아이들은 정서적으로 문제가 있는 아이입니다. 심심하고 허전해서 손가락을 빨듯이 자기 성기에 집착하는 것이지요. 부모가 적극적으로 관심을 갖

고 놀아주면 나아집니다. 초등학생의 자위는 자기 신체의 탐색이자 스트레스 해소법입니다. 정서적으로 불안한 아이들도 자위행위를 많이 합니다.

사춘기가 되면 성장호르몬과 성호르몬이 분비되면서 남녀 모두 성에 관심을 갖게 됩니다. 여자아이들이 초경을 하듯 남자아이들은 몽정을 시작하게 되는데, 이때 시작되는 자위행위는 버릇이 될 수도 있습니다. 자위행위를 많이 한다고 해서 몸에 나쁜 영향을 끼치는 것은 아닙니다. 다만 쓸데없는 죄책감을 가질 수도 있고 공부에 집중하기 어려울 수도 있으므로 격렬한 운동과 같은 신체활동을 권장해 자위행위를 줄이도록 도와야 합니다.

Q. 아이의 문자를 얼핏 봤는데 누군지 모르겠지만 '사랑한다. 좋아한다'라는 문자를 보았어요. 연애를 하기에는 너무 어린 나이인데 정말 사랑이 뭔지나 알고 말하는지 정말 답답했어요. 몰래 문자를 봤다고 할 수도 없고요. 한참 공부할 나이에 공부는 안 하고 나쁜 길로 빠지진 않을까 정말 걱정이 됩니다.

A. 요즘 10대들이 데이트하는 방법은 부모 세대와 다릅니다. 요즘 아이들은 카카오톡으로 문자를 보내는 것을 더 편안하게 느낍니다. 친구들에게서 이성친구를 소개받는다는 것은 그 친구의 전화번호를 받는 것입니다. 얼굴도 모르면서 사귀자고 문자

를 보내기도 합니다. 며칠간 새벽까지 문자를 열심히 하다가도 시들해지면 그냥 친구로 지내자는 의사표시도 문자로 합니다. 문자로 자신의 감정을 표현하는 것은 나쁜 일이 아닙니다.

하지만 문자연애를 통해 너무 가벼운 만남과 쉬운 사랑에 익숙해지는 것이 문제입니다. 아이들은 책임감 부족으로 쉽게 헤어지고 또 다른 이성을 만나기도 합니다. 하지만 이런 과정에서 쉽게 성관계에 노출될 수도 있기 때문에 조심해야 합니다.

Q. 문자연애에 지나치게 열중하는 이유가 무엇일까요?

A. 10대인 A와 B는 인터넷상에서 만나 사귀기 시작했습니다. 거의 매일 수십 통의 문자를 주고받았고 처음에는 친구로 사귀다가 연인 관계로 발전했습니다. 거의 일 년간 사귀게 되었는데 결국 남자아이는 여자아이를 직접 만나고 싶어졌습니다. 그런데 막상 만나고 보니 상대는 10대가 아닌 40대 주부였습니다. 딸의 사진과 아이디를 이용해 10대로 행세한 것이었습니다. 더욱 놀라운 일은 상대 남학생도 40대 중년의 남자였던 것입니다. 서로는 서로를 속였다고 심하게 화를 냈고, 남자는 복수심에 불타 이 모든 사실을 남편에게 알리겠다고 협박했습니다.

어떻게 되었을까요? 여성은 자기의 가정이 파괴되는 것을 두려워해 온라인상에서 만난 또 다른 10대 아이를 시켜 협박을 한 남자를 살해하게 했습니다. 재미로 시작한 '가상의 나'가 결국 범죄까지 일으키게 된 것입니다.

온라인상에 연애의 가장 큰 문제는 거짓되고 과장된 '가상의 나'를 만들어낸다는 것입니다. 어른들도 이런 재미에 흠뻑 빠지는데 아이들은 더 말할 것도 없습니다(〈우리 결혼했어요〉 같은 TV 프로그램은 아이들에게 이런 혼돈을 더욱 부추기고 있습니다).

청소년들은 이런 '가상의 나'를 거듭 겪음으로써 다중 정체성을 형성하게 되어 정체성 형성에 심한 혼란을 겪을 수도 있습니다. 심하면 다중인격자가 될 수도 있습니다.

아이가 문자로 이성친구를 사귀는 것을 알게 되었을 때는 성적을 걱정하기보다는 아이의 허한 마음을 먼저 걱정해야 합니다. 우선 주변에 친구들과 좋은 관계를 맺고 있는지부터 살펴보는 것이 필요합니다. 그리고 문자로 만난 친구는 결코 진정한 친구가 될 수 없다는 것을 분명히 말해줘야 합니다. 온라인상에서 낯선 사람에게 신분을 밝히는 것은 모르는 사람에게 대문을 열어주는 것과 마찬가지이고, 나쁜 사람들에게 걸려들 수도 있다고 주의를 줘야 합니다.

Q. 우리 아이는 중학교 1학년 남학생입니다. 얼마 전부터 자꾸 옆집에 몰래 가서 여자 팬티를 훔쳐옵니다. 왜 그러는 걸까요?
A. 사춘기가 되면 어떤 식으로든 성적 호기심을 드러내게 됩니다. 남학생들이 친구들과 함께 야한 잡지를 보거나 인터넷에서

야동을 찾아보는 것은 흔한 일이지요. 하지만 옆집에서 여자 팬티를 훔쳐오는 일은 성적 호기심을 넘어선 매우 충동적인 행동입니다. 성적 호기심과 충동성이 합쳐져서 벌이는 일탈 행동이며 자칫 성범죄자가 될 수도 있습니다. 이런 경우에는 충동성을 조절할 수 있도록 지도가 필요합니다. 성적인 호기심을 채울 수 있는 다른 방법을 찾도록 도와주어야 합니다.

세탁소 아주머니를 집에 불러들여 성폭행을 시도한 학생도 있었는데, 이 학생의 경우는 TV 수사물을 그대로 따라서 했다고 했습니다. 이 경우도 충동조절이 안 되는 경우였고, 성적인 충동을 조절하는 법을 제대로 배우지 못해 오히려 수사물을 통한 모방범죄 충동만 불러일으킨 경우였습니다.

Q. 고등학생인 아들이 여학생 화장실에서 스마트폰으로 불법촬영(몰카)을 하다가 적발되어 학교에서 징계를 받고 경찰 조사까지 받게 되었습니다. 부모로서 어떻게 해야 하나요?

A. '단순한 호기심이었다'고 부모에게 말한 이 학생의 스마트폰에는 작년부터 여학생 화장실에서 찍은 수 십장의 사진이 저장되어 있었습니다. 청소년들의 경우에는 사이트를 검색하다 우연히 접한 몰카 사이트에서 경험해보지 못한 장면을 보고 빠져드는 경우가 많습니다. 제작된 포르노 동영상에 비해 더 현실감 있고 일상에서 만날 수 있는 평범한 사람들에게 자신의 욕

망을 투사하고 쾌감을 얻기 쉬워 음란물보다 더 쉽게 중독에 빠지기도 합니다.

관음충동은 최소 3~4년간 지속된 경우가 많기 때문에 부모들은 평소에도 자녀에게 양해를 구하고 스마트폰에 저장된 사진을 살펴보아야 합니다. 그리고 평소에도 자녀에게 몰카중독은 심각한 성중독 증상이자 범죄라는 인식을 가질 수 있도록 지도해야 합니다.

Q. 우리 아이는 남자아이인데도 인형을 가지고 노는 것을 좋아합니다. 자라서 동성애자가 되지 않을까 걱정입니다. 여성적인 취미를 가지면 자라서 동성애자가 되나요?

A. 여성적인 취향을 가진다고 해서 반드시 동성애자가 되는 건 아닙니다. 남자아이들도 여자 인형을 가지고 놀 수 있고, 여자아이들도 바지만 입으려고 하거나 총싸움 놀이를 더 좋아할 수 있습니다. 이 아이들이 자라서 반드시 동성애자가 되지는 않습니다. 남자아이가 인형을 가지고 놀거나 예쁜 여자 그림만 그리려고 하면, 그것을 금지하기보다는 부모가 같이 적극적으로 놀이에 동참하는 것이 좋습니다. 그러면 오히려 그런 여자놀이 활동이 줄어들기도 합니다.

아이의 성별에 관계없이 인형놀이와 칼싸움 같은 다양한 놀이를 다 해보는 것도 도움이 됩니다.

Q. 성교육은 몇 살에 시작하는 것이 좋을까요?

A. 성교육은 아주 어릴 때부터 시작해야 합니다. 이성형제가 없이 자란 경우 남녀의 신체적 차이를 잘 알지 못해서 유치원에서 여자아이의 치마를 들추어 보거나 일부러 여자 화장실에 들어가는 행동을 합니다. 그러므로 남녀의 신체적 차이는 유치원 때부터 일러주는 것이 좋습니다. 아이들이 조금 자라서 "엄마 나는 어디서 태어났지? 어떻게 만들어진 거야?"라는 질문을 하면 아이의 나이와 이해 수준에 맞는 설명을 해주어야 합니다. 아기가 태어나는 과정을 보여주는 책이나 동물들의 짝짓기가 나오는 다큐멘터리를 예로 드는 것이 좋은 성교육입니다.

Q. 10대의 여자아이에게 피임 교육을 꼭 시켜야 하나요?

A. 최근 10대 여자아이들이 사후피임약 처방을 받기 위해 산부인과를 많이 찾고 있습니다. 손쉽게 낙태를 할 수 있다고 생각하고 남자친구와 성교를 하는 경우도 많아졌지요. 그러므로 우선 생명의 소중함을 가르쳐야 하고, 더 안전하고 몸에 덜 해로운 피임법을 반드시 가르쳐야 합니다. 많은 청소년들의 성교행위가 16세 이전에 일어나는 미국에서는 10대 소녀들의 건강을 지키는 것이 성교육의 목표입니다. 10대들의 너무 빠른 성장과 성교행위는 도덕적으로 문제가 된다기보다는 아이들의 건강과 인생에 너무 큰 영향을 미치기 때문입니다.

부모와 선생님들, 그리고 어른들은 아이들이 어른이 될 때까지 성적인 행위를 미루어야 하는 이유를 아이들에게 설명할 수 있어야 합니다.

Q. 10대 임신은 어떤 영향을 끼치나요?

A. 10대의 성관계는 원치 않는 임신과 낙태로 이어질 수 있습니다. 피임 교육을 제대로 받지 못하고 사후대책도 없는 상태에서 아이를 갖게 되면 '10대 엄마와 아이' 모두 제대로 성장하기 힘들게 됩니다. 전 세계적으로 임신한 10대 엄마들의 공통점은 다음과 같습니다.

- 10대 어머니 가운데 약 40%는 18세 미만입니다.
- 집에서 학대를 당하거나 제대로 돌봄을 받지 못하는 10대들이 10대 부모가 될 비율이 더 높게 나타났습니다.
- 18세 미만의 10대 엄마들 중에서 고등학교를 졸업하는 비율은 40% 정도입니다. 정상적으로 고등학교를 마치는 사람은 10명당 4명밖에 안 됩니다.
- 아이의 아버지 중 80%는 자기 아이를 가진 10대 어머니와 결혼하지 않습니다.
- 만약 10대 시절에 결혼한다면 25세 이후에 결혼한 여성의 경우보다 결혼에 실패할 확률이 2배나 높습니다.

- 10대 엄마들은 조산이나 저체중아를 출산할 가능성이 높습니다. 따라서 그 자녀들은 유아 사망, 실명, 청각 상실, 만성 호흡기 질환 등 신체장애뿐 아니라 정신지체나 뇌성 마비, 학습장애, 과잉행동 등의 정신적 문제점을 보일 가능성도 높습니다.

9

10대가 가장 알고 싶어하는 성에 대한 궁금증

최근에는 성폭행에 대한 정의가 더욱 엄격해졌습니다. 합의된 성관계가 아니면 모두 성폭행으로 간주합니다. 성폭행을 예방하려면 성행위 시에 반드시 합의를 해야 합니다.

사춘기가 되면 뇌에서 성호르몬이 폭포수처럼 솟아나게 됩니다. 아이들은 급격한 신체적인 변화와 함께 성적인 호기심을 느끼게 됩니다. K-pop 가수에게 열광하거나 이성친구에게 이끌리게 되는 것도 자연스러운 성장과정입니다.

하지만 성적인 충동을 잘 다루지 못해 불법촬영(몰카) 범죄나 성추행 같은 성폭행 사건에 휘말리거나, 10대 임신이나 성병에 감염되는 경우도 생길 수 있습니다. 10대 자녀가 성에 대한 호기심을 보일 때가 성교육의 가장 좋은 기회입니다.

• • •

10대들은 성에 대해 이것이 궁금하다

Q. 사춘기에는 내 몸에서 어떤 변화가 일어나나요?

A. 사춘기가 되면 몸에서 생리적인 변화가 일어납니다. 남학생과 여학생은 모두 키가 부쩍 커지고 몸무게가 늘어나게 됩니다. 12세 전후로는 남학생의 경우 몽정을 하고, 여학생의 경우 생리를 시작하게 되는데 몽정과 생리는 내 몸이 건강하게 잘 자라고 있다는 증거이며, 사춘기가 시작되었다는 표시이므로 더 성숙해진 자신의 몸에 자부심을 느껴야 합니다.

Q. 사춘기가 되면 남자와 여자는 어떻게 달라지나요?

A. 여자의 몸과 남자의 몸은 태어날 때부터 다릅니다. 하지만 사춘기가 되면 성호르몬의 영향으로 그 차이가 더욱 심해집니다. 여자의 경우 에스트로겐의 영향으로 젖가슴이 커지고 엉덩이가 커지며 생리를 하게 되고, 남자의 경우 테스토스테론의 영향으로 몸에 털이 나고 성기가 커지며 목소리가 저음이 됩니다. 남자와 여자가 사춘기가 되어 몸이 성숙해지는 것은 장차 결혼해서 아기를 만들 수 있도록 자연스럽게 몸이 성숙해지는 과정입니다.

Q. 성욕과 성충동은 왜 생기나요?

A. 사춘기가 되면서 성호르몬이 분비되면 자연스럽게 성욕이 발생합니다. 성욕은 여러 가지 형태로 나타나는데 자기 몸에 대한 호기심과 성기에 대한 관심이 생겨 자위행위에 몰두하기도 합니다. 성적인 관심이 폭발적으로 일어나기 때문에 K-pop 가수에게 열광하거나 멜로 드라마의 여주인공에게 사랑을 느끼기도 합니다.

Q. 자위행위를 하면 몸에 나쁜가요?

A. 10대의 자위행위는 변화하는 자기 몸에 대한 일종의 탐구입니다. 몸에 나쁜 행동은 아니지만 지나치게 몰입하면 일상생활과 학업에 지장을 초래하므로 자위행위를 자주 하는 것은 피해야 합니다. 하지만 자위행위를 심하게 하면 성병이 생기거나 불임이 된다는 것은 잘못된 생각입니다.

Q. 성병을 예방하려면 어떻게 해야 하나요?

A. 모든 성병은 키스, 성교 등 성적 접촉을 통해 전염이 됩니다. 한 사람과 섹스를 하는 것보다 여러 사람과 섹스를 하면 성병의 위험이 더 높아집니다. 성병인 임질이나 매독, 에이즈에 걸리면 성기에 염증이 생기고 소변이 자주 마려운 빈뇨증, 성기의 통증 등의 증상이 생기기 때문에 성병에 대해서 잘 알고 있어

야 합니다. 따라서 모르는 사람이나 처음 만나는 사람과는 절대로 성교를 해서는 안 됩니다.

사춘기 아이들은 구강성교를 처녀성을 지키기 위한 방법으로 선택해서 구강성교는 안전하다는 잘못된 생각을 가지고 있습니다. 1995년 미국에서 빌 클린턴 전 대통령에 대한 탄핵재판에서 제시되었던 증거(르윈스키와의 구강성교)가 너무 적나라하게 언론에 공개되어 당시 10대들의 구강성교를 부추겼다는 주장도 있습니다.

Q. 피임은 어떻게 하나요?

A. 가장 쉬운 피임 방법은 성교시에 콘돔을 사용하는 것입니다. 여성을 위해 매일 먹는 피임약도 있습니다. 결혼한 사람들은 자궁 내 피임장치인 루프를 사용하기도 합니다. 사춘기에는 성적인 충동이 강해 피임을 생각하지 않고 성교를 하는 경우가 많은데, 반드시 콘돔을 사용해야 합니다. 특히 사후피임약을 과신해서는 안 되는데, 사후피임약 복용 후에 임신이 되는 경우도 많기 때문입니다.

Q. 성변태는 무엇인가요?

A. 성변태는 관음증, 노출증, 소아 기호증 등이 있습니다. 관음증이란 실제로 성교를 하지 않고 다른 사람들의 성교를 보면

서 성적 흥분을 느끼는 것이고, 노출증은 실제적인 성 접촉보다는 성기를 노출해 성적 흥분을 느끼는 상태입니다. 소아 기호증은 성인이 자기 또래의 이성이 아니라 어린 아이들을 보고 성욕을 느끼는 경우입니다. 이 모든 것들은 정상적인 성적 행동을 하는 데 방해가 됩니다. 성변태 증상은 모두 비정상적인 행동이며 심리적인 문제가 많은 사람들이 성변태 행동을 하는 경우가 많습니다.

Q. 성폭력, 성희롱, 성추행은 어떻게 다른가요?

A. 성폭력에는 강간, 매춘, 강간 미수가 포함됩니다. 성희롱은 직장 내에서 업무와 관련해 자신의 직위를 이용해 상대에게 성적인 행동을 강요하거나 성적 굴욕감을 주는 행동입니다. 성추행은 업무와 관련해 신체적, 언어적, 성적 굴욕감을 주거나 버스나 지하철 안 등 공공장소에서 추행하는 경우입니다. 성폭력, 성희롱, 성추행은 모두 법으로 금지하고 있는 성범죄이며, 특히 남성들은 자신의 언행이 성범죄에 연루될 수도 있다는 생각을 가지고 주의해야 합니다.

최근에는 성폭행에 대한 정의가 더욱 엄격해졌습니다. 합의된 성관계가 아니면 모두 성폭행으로 간주합니다. 성폭행을 예방하려면 성행위시에 다음과 같은 합의를 해야 합니다.

- '안 된다'고 말하지 않았다고 해서 '예스'라는 의미는 아닙니다. 혼자서 추측하거나 여기까지 따라 왔으니 '예스'라고 한 것과 마찬가지라고 생각하는 등의 자의적인 해석은 금물입니다. 상대가 주저하면 먼저 무엇이 문제인지 물어보고 원하지 않는 관계는 하지 않겠다고 말해야 합니다.
- 누군가와 침대에 함께 누웠어도 100% 동의를 주고받는 것이 꼭 필요합니다.
- 동의를 받는 방법은 계속 묻는 것입니다. 섹스를 하는 동안에도 상대방이 계속 하기를 원하는지 물어보아야 합니다. 어떤 종류의 성행위 중에도 상대가 마음을 바꾼다면, 그 즉시 섹스를 중단해야 합니다.

Q. 사이버 섹스는 무엇인가요?

A. 사이버 섹스란 컴퓨터 통신망을 통해 음란한 말을 주고받거나 음란한 정보를 접하면서 성행위를 상상하거나 자위행위를 하는 경우를 말합니다. 사이버 섹스는 중독성이 강하고, 심하게 몰두하면 실제로 다른 이성과 잘 지내지 못합니다. 자기 환상 속에서 살게 되고, 자폐적인 성생활에 빠지기도 합니다. 실제로 현실에서 이성을 만났을 때 섹스를 하지 못하게 되는 부작용도 있습니다.

Q. 동성친구를 좋아하면 안 되나요?

A. 사춘기가 되면 여학생이든 남학생이든 동성친구를 좋아하는 경향이 있습니다. 이것은 지극히 정상적인 것이며, 동성친구를 좋아하던 학생들은 이성친구에게 관심을 옮겨가게 됩니다. 하지만 계속 동성친구에게 이성적 감정을 느끼는 경우에는 동성애적 성향이 있는 것으로 봅니다. 과거에는 동성애도 성변태의 일종으로 보았으나 최근에는 본인이 자신의 성 정체감에 큰 혼란을 느끼지 않는다면 정상적인 것으로 보고 개인의 성향을 존중합니다.

만약 본인이 성정체감에 큰 혼란을 느끼거나 스스로의 동성애적 취향을 이상한 것으로 생각해 괴로워하는 경우엔 일종의 질병으로 보고 치료가 필요하기도 합니다. 하지만 사춘기에 동성애적 성향을 느끼고, 그것이 불편해 고치고 싶다면 부모에게 요청해 전문가와 상담을 받는 것이 도움이 됩니다.

부모들은 사춘기 성에 대해서 잘 알고 있어야 합니다. 사춘기는 위험한 성적 모험을 하고 싶은 시기입니다. 이런 모험을 통제하는 것은 아이들이 스스로 하기보다는 부모의 지지와 통제가 크게 도움이 됩니다.
남학생들이 잠재적 성범죄의 위험에서 헤어 나올 수 있으려면 어린 시절부터 제대로 된 성교육을 받아야 합니다. 여학생들을 위해서는 10대 임신과 성병 감염으로부터 자신의 몸을 지킬 수 있게 '열린 성교육'으로 가르쳐야 합니다.

PART 2

성교육은 구체적으로 적나라하게 해야 한다

1

10대의 성적 호기심이 성교육의 기회다

부모와 함께 매일 저녁을 먹는 청소년들은 첫 성교 경험이 늦게 나타났습니다. 미국에서는 아이들의 첫 성관계 경험 나이를 16세 이상으로 늦추는 것이 성교육의 목표입니다.

“우연히 아이의 문자를 보게 되었어요. 같은 반 남자친구들이 속옷을 벗고 찍은 사진을 보내라는 문자를 우리 아이에게 보냈고, 딸아이는 ‘알았어’라고 답을 보냈더군요. 실제로 사진을 찍어 보내진 않았지만 무슨 생각으로 그런 답을 보낸 걸까요? ”

자녀 휴대폰에서 친구들과 주고받은 문자에서 우연히 이런 사실을 알게 되었다면 부모는 어떻게 해야 할까요? 요즘 10대들은 어떤 식으로 성적 호기심을 드러낼까요? 이를 알려면 10대들이 부모 세대와 어떻게 다른 방식으로 데이트를 하는지를 우선 알아야 합니다.

A는 최근에 인터넷 카페에서 만난 남자친구 B와 일명 '썸타기'를 하면서 마냥 기분이 들떠있는 상태다. B의 외모도 마음에 들었지만 왠지 내 마음을 잘 알아주고 말이 통한다고 느꼈기 때문이다. 실제로 만난 적도 없고 사진으로 얼굴만 보았을 뿐인데 무척 마음에 들었다. 새벽 늦게까지 소소하게 문자로 대화하는 것도 일상이 되어버렸다. 온라인상으로 이렇게 사랑스러운 관계가 유지된다는 것이 한편으로는 놀라운 일이기도 했다. 최근에는 하루 종일 B 얼굴만 떠올라 한번 만나볼 생각이다.

이런 식으로 요즘 중학생들의 이성교제는 어른들이 생각하는 것과 다르게 대체로 문자나 채팅으로 연애를 시작합니다. 헤어질 때도 문자로 통보합니다. 온통 마음을 쏟는 듯 하지만 관계는 일시적이며 대체로 부모에게는 비밀입니다. 온라인은 새로운 데이트 공간이고, 문자는 10대들의 소통의 수단이며, 애교의 수위를 넘어서는 스킨십도 당연히 여깁니다.

중학생 대상의 한 조사에서는 53%가 이성친구를 사귀어본 적이 있거나 현재 사귀고 있다고 대답했고, 초등학생 10명 중 3명이 이성친구를 사귄 적이 있다고 대답했습니다. 10대 아이들은 TV나 영화, 다른 친구들에게서 보고 들은 것을 따라 데이트를 하다보니 스킨십도 당연히 생각하게 된 것입니다.

10대들은 키스나 포옹과 같은 신체접촉을 갖는 것도 사귄다는 의미로 받아들입니다. 만약 청소년 자녀가 자신의 블로그에 성적인 호기심을 드러낸 글을 써놓았다면 이는 실제 성행위로 이어질 수 있으므로 이때 청소년들과 성문제와 관련해 대화를 해야 합니다.

부모와 저녁을 함께 먹는 청소년들의 첫 성교 경험이 늦었다

자녀의 온라인 게시물, 휴대폰 문자가 성적인 호기심으로 가득 차 있다면 이는 실제 성행위로 이어질 가능성이 매우 높다는 것을 의미합니다. 10대들의 조기 성관계 경험은 10대 임신과 성병 감염뿐 아니라 학업 태만, 기타 비행으로 이어져 이들의 장래에 매우 심각한 악영향을 끼칩니다.

현재 미국에서는 첫 성관계를 경험하는 나이를 16세 이상으로 늦추는 것을 성교육의 목표로 하고 있습니다.

이 목표를 달성하는 데 가장 중요한 것은 무엇일까요? 여러 조사에서 청소년들이 성관계를 가질지 말지 결정하는 데 가장 큰 영향을 미치는 사람은 부모인 것으로 나타났습니다. 부모의

태도와 노력 여부가 아이들의 성관계 결정에 가장 크게 영향을 끼친다는 것을 부모들은 잘 알아야 합니다.

자녀가 온라인이나 오프라인상에서 성적인 메시지를 주고받는 것을 발견했다면 부모는 즉각 개입해야 합니다. 늦은 밤까지 잠을 자지 않고 이성친구와 문자를 주고받는다면, 사전 동의를 통해 휴대폰을 압수하고 휴대폰 사용 시간도 정해주는 것이 좋습니다. 그리고 휴대폰을 통해 친구들에게 전송해도 되는 사진과 전송해서는 안 되는 사진에 대해서도 가르쳐야 합니다.

평소에 부모와 자녀가 좋은 관계를 유지하고 있다면 이러한 개입이 매우 부드럽게 진행될 것입니다. 부모와 매일 저녁을 먹는 청소년들의 첫 성교 경험이 늦었다는 조사 결과도 있습니다. 그리고 이런 부모의 적극적인 개입은 특히 중학생(초기 사춘기) 자녀들에게 가장 효과가 있었습니다.

부모가 성교육을 할 때 지켜야 할 기준들

가정에서 성교육을 하려면 우선 부모는 어색하고 불편하더라도 성에 대해 자녀와 이야기할 수 있어야 합니다. 어떤 부모들은 자녀들과 섹스에 대해 이야기하면 성적 호기심을 오히려 자극하지 않을까 두려워합니다. 하지만 부모들은 불편한 감정을 누르고 부모가 자녀의 섹스에 대해 걱정하고 있다는 이야기를 할 수 있어야 합니다. 그래야만 자녀들이 필요할 때 부모에게 도움을 요청할 수 있기 때문입니다.

또한 사춘기 성에 대해서도 잘 알고 있어야 합니다. 사춘기는 위험한 성적 모험을 하고 싶은 시기인데, 이런 모험을 통제하는 것은 10대 자신뿐만 아니라 부모의 지지와 통제도 중요하기 때문입니다.

부모가 자녀와 성에 대해 이야기할 때는 몇 가지 지켜야 할 기준이 있습니다.

첫째, 섹스에 대해 이야기하는 것이 무슨 큰일인 것처럼 하면 안 되고 자연스럽고 일상적으로 대화를 나눌 수 있어야 합니다. "너희 나이는 성적 호기심이 왕성할 때다. 네 머릿속에 항상 성적인 생각으로 가득하다고 해도 이상한 일이 아니다"라고 말할 수 있어야 합니다.

둘째, 자녀가 이성친구를 만나는 것을 항상 점검하고 이에 대해 부모의 의견을 분명히 이야기할 수 있어야 합니다. "이성친구와 데이트를 하는 것은 대화를 통해서 서로 알게 되고 좋은 시간을 보내는 것이지, 섹스를 하는 것은 아니다"라고 말해 줍니다.

셋째, 섹스뿐만 아니라 사랑에 대해서도 자녀와 이야기할 수 있어야 합니다. 섹스는 다른 사람과 좋은 관계를 맺는 수단이기도 하지만 책임이 따르는 일이고 상대를 돌보고 존경하는 마음도 함께 가져야 한다고 가르쳐야 합니다. “자신의 쾌락을 위해 하는 섹스는 다른 사람을 이용하는 것일 뿐이다”라고 말해 줍니다.

넷째, 절대로 자녀의 성적 행동에 대해 비웃거나 화를 내서는 안 됩니다. 자녀의 성적 행동에 대해 대화를 할 때는 질문과 대답 형식으로 하고, 관심과 부모의 의견을 나타내려고 해야 합니다. 부모는 ‘너보다 더 많이 알고 있다’는 식의 대화는 좋지 않다는 것을 인지해야 합니다. 섹스에 대해 훈계하기보다 모든 사실을 짧게 이야기해야 합니다.

다섯째, TV나 영화가 가르치는 성적 행동을 그대로 따라하게 내버려 두어서는 안 됩니다. 임신과 성병에 대해서도 이야기할 수 있어야 하고, 어른이 되어서 결혼한 후에 섹스를 하면 더 좋은 이유를 설명할 수 있어야 합니다.

2

10대에게 꼭 가르쳐야 할 성에 대한 지식들

여자아이들이 사후피임약을 처방받기 위해 산부인과를 찾고 있습니다. 아이들에게 원치 않는 임신을 방지하고 더 안전한 피임법을 알려주는 일은 부모가 해야 할 성교육입니다.

"아이가 성에 대한 질문을 할 때마다 깜짝깜짝 놀랍니다. 제가 아직 부모로서 준비가 안 된 모양이에요. 성에 대해 어디서부터 어디까지, 또 어떻게 가르쳐야 할지 정말 어려워요."

자녀의 성문제로 상담을 하다 보면 사춘기 자녀의 부모들은 대개 아이들만큼이나 당황하고 있습니다. 성에 관한 갑작스런 아이의 질문에 준비되지 않은 부모가 당황스러워 하는 것은 자연스러운 일이지만, 10대 자녀를 둔 부모라면 자녀와 성에 대해 열린 마음으로 대화할 수 있어야 합니다.

대개 부모들은 아직 어린 자녀가 성적인 문제에 대해 미리 알아야 할 필요가 있을까 생각합니다. 오히려 성행위라든지 자위행위에 대해서 미리 가르쳐줘서 성적행동을 부추기는 것은 아닐지 걱정합니다. 그러나 아이들이 쉽게 음란물에 접할 수 있는 현실에서 이 말은 설득력이 없다고 할 수 있습니다.

올바른 성교육은 아이들에게 왜곡된 성적 호기심을 부추기지 않으며 올바른 성에 대한 인식을 가지게 해줄 뿐만 아니라, 사춘기 시절 큰 트라우마가 될 수 있는 임신, 성병, 낙태 등을 방지해주는 데에도 큰 효과가 있습니다.

• • •

두 사람의 동의 없는 성관계는 성폭력이 될 수 있다

중학생 남자아이가 여자친구 집에 놀러 갔습니다. 부모가 집에 없어 단둘이서 놀고 싶었기 때문입니다. 서로 좋은 감정이 있었기 때문에 남자아이는 여자친구를 포옹하고 키스했고 결국 섹스까지 요구했습니다. 여자친구는 여기서 그만! 하자고 했지만, 남자아이는 강제로 여자친구를 침대에 눕히려 했습니다.

이런 상황에서 남학생의 행동은 성추행일까요, 아닐까요? 정답은 성추행입니다. 앞 사례는 캐나다에서 고등학교용 성교육

교과서에 나오는 내용입니다. 학생들에게 두 사람의 확실한 동의가 없는 성관계는 성폭력이 될 수 있다는 것을 가르치기 위한 것입니다.

남녀 학생 단둘이 집 안에서 TV를 보고 있습니다. 이럴 때 성폭력이 발생한다면 어떻게 대처해야 할까요? 답은 '단둘이 있는 상황을 만들지 않는다'입니다. 친구들끼리 여행을 갔다가 성폭력이 발생했을 때는? '친구들끼리 여행을 가지 않는다.' 채팅 중 상대가 직접 만나자고 제안 할 때는? '낯선 사람과의 채팅은 가급적 삼간다.'

얼마 전 교육부가 6억 원을 들여 만든 '성교육 표준안'에 들어있는 성교육 내용입니다. 오히려 학생들이 '수시로 부모님한테 전화하거나 다른 친구를 불러요'라고 정답을 찾아줄 정도였습니다. 왜 아이들에게 실질적으로 도움이 되지 못하는 정답이 나오는 걸까요?

필자는 어른들의 성의식 속에는 남녀칠세부동석, 남녀유별 등의 유교적 관념이 남아있을 뿐만 아니라 남성 중심의 오랜 문화와 고정관념에서 생긴 성관념 때문이라고 생각합니다. 아이들을 지도해야 하는 어른들의 '성인지 감수성'이 턱없이 부족하다는 사실을 보여줍니다. 그리고 실질적으로 이런 성인군자 식의 정답은 아이들에게 아무런 도움을 주지 못합니다. 그러면 어떻게 가르쳐야 할까요?

• • •

학교에서의 성교육은
더욱 적나라하게 해야 한다

너무나 상세하고 적나라해서 거북함을 느낄 정도인 다음 문항들은 핀란드 중학생들의 성교육 과제에 나오는 내용들입니다.

'자위는 몸에 해롭지 않다.'

'피임을 위해서는 항상 콘돔을 가지고 다니는 것이 좋다.'

'첫 성경험을 한 후에 오르가즘을 느끼기까지는 2~3년이 걸린다.'

'좋은 섹스란 즐겁고 자연스러우며 상대의 느낌을 배려하는 책임 있는 행동이다.'

'남자의 성기가 크다고 해서 섹스를 더 잘하는 것이 아니다.'

아이들이 섹스에 관해 궁금해하는 사항을 알려주고 성에 대해 잘못된 선입견을 바로잡아주는 것이 성교육이라고 보는 것입니다. 선진국이라 불리는 독일, 핀란드, 덴마크와 같은 북유럽 국가들은 연 40시간 이상 성교육이 필수 교과로 채택되어 있습니다. 특히 성에 대한 호기심과 성충동이 왕성해지는 중학교 2학년 학생들에게 집중적으로 성교육을 실시합니다.

우리도 10대들의 바른 성교육을 배울 권리를 인정하고, 하나 마나한 말들로 아이들의 야유를 받는 대신 더욱 솔직하고 적나라한 성교육을 실시해야 합니다. 최근에 발생하는 많은 성폭행 사건을 보면 특히 남학생들을 상대로 성폭행 예방 교육이 절실히 필요합니다. 남학생들이 잠재적 성범죄의 위험에서 헤어나올 수 있으려면 어린 시절부터 제대로 된 성교육을 받아야 합니다. 여학생들을 위해서는 10대 임신과 성병 감염으로부터 자신의 몸을 지킬 수 있게 '열린 성교육'으로 가르쳐야 합니다.

• • •

자녀에게 가르쳐야 할 성에 대한 지침들

교육은 학교에서뿐만 아니라 가정에서 교육이 병행되어야 효과를 볼 수 있습니다. 그러나 부모들은 성교육에 대해 막연한 두려움을 가지고 앞에서 예를 든 부모들처럼 어쩔 줄 몰라 하는 경우가 많습니다.

다음은 10대 자녀를 둔 부모가 자녀들에게 가르쳐야 할 성에 대한 5가지 지침으로 이 지침을 숙지해 자녀들을 잘 이끌어 나간다면 10대 자녀들이 올바른 성인식을 형성해 나가는 데 큰 도움이 될 것입니다.

첫째, 사춘기 몸의 변화에 대해 사전적으로 가르쳐야 합니다.

사춘기가 되면 우선 몸에서 생리적인 변화가 일어나는데, 12세 전후로 남학생의 경우 몽정을 하고 여학생의 경우 생리를 시작하므로 이 시기를 잘 보낼 수 있도록 가족간의 대화를 통해서 적극적으로 도와주어야 합니다.

둘째, 사춘기의 성욕에 대해 죄의식을 가지지 않고 자연스럽고 긍정적으로 받아들이도록 가르쳐야 합니다. 사춘기가 되면 성호르몬이 분비되면서 자연스럽게 성욕이 발생해 자위행위에 몰두하기도 하는데, 10대의 자위행위는 절대로 몸에 나쁜 행위가 아니란 것을 일러주고, 너무 자주 하는 것은 피하도록 지도합니다.

셋째, 사춘기 우리 아이들도 성관계를 할 수 있다는 현실을 인정하고 피임법에 대해서도 가르쳐야 합니다. 사춘기에는 성적인 충동이 강해 피임을 생각하지 않고 성관계를 하는 경우가 많은데, 만에 하나 성관계를 하게 될 경우에는 반드시 콘돔을 사용하도록 교육해야 합니다.

최근에 10대 여자아이들이 사후피임약을 처방받기 위해 산부인과를 많이 찾고 있습니다. 사후피임약 복용 후에도 임신이 되는 경우가 많기 때문에 사후피임약을 과신해서는 안 됩니다. 아이들에게 원치 않는 임신을 방지할 수 있는 더 안전하고 몸에 덜 해로운 피임법을 알려주는 것도 부모로서의 역할입니다.

넷째, 성병 예방법에 대해 가르칩니다. 모든 성병은 키스, 성교 등 성적인 행위를 통해 전염된다는 것, 한 사람과 섹스를 하는 것보다 여러 사람과 섹스를 하면 성병에 옮을 위험이 더욱 높아진다는 것, 콘돔을 사용하면 성병을 예방할 수 있다는 것, 그리고 온라인상에서 알게 된 사람이나 처음 만나는 사람과는 절대로 성교를 하면 안 된다는 것 등을 가르쳐야 합니다.

다섯째, 가장 중요한 내용으로 성적 자기결정권에 대해 교육하는 것입니다. 상대방이 원치 않는 성적 행동을 하는 것은 수치심과 모멸감을 유발하는 범죄라는 점을 명확히 가르쳐야 합니다. 성희롱 등을 당하면 부모에게 즉시 알리고 경찰에 신고하도록 일러주고, 나아가서 아이들에게 상대방의 성적 자기결정권을 존중하고, 이를 침해하지 않아야 한다는 것을 교육해야 합니다.

3

호르몬 변화로 소년·소녀가 갑자기 어른이 되다

호르몬은 마음을 바꾸는 화학물질이며, 뇌에 영향을 주어 신체를 변화시킵니다. 소녀들의 에스트로겐, 프로게스테론과 소년들의 테스토스테론이 사랑을 만드는 호르몬입니다.

"우리 아들에게 수염이 났어요. 남자 냄새라고 해야 하나? 아무튼 깨끗했던 얼굴에 수염도 나고 빨간 여드름도 군데군데 솟은데다 목소리까지 굵어져서 이제는 애가 아니구나, 하는 생각이 들더라고요." 이런 자녀의 변화는 이성 부모가 다루기에는 어려운 부분도 있지만 10대의 자녀가 자신의 몸에 대해서 긍정하고 올바른 지식을 가질 수 있도록 이 주제에 관해서도 자녀와 반드시 대화가 필요합니다.

사춘기에 들어가면 남자아이는 일 년에 8~10cm 정도 키가 크고 몸무게도 7~11kg씩 늘어납니다. 성기와 고환이 커지고,

사타구니와 겨드랑이에 털이 나기 시작하면서 얼굴에도 수염이 자랍니다. 그리고 변성기를 맞이해 목소리가 어설픈 테너 정도 같은 저음으로 변하게 됩니다.

특히 남자아이는 사춘기의 처음 2년간 급격한 성장으로 남자다운 외양과 체격을 갖추기 시작하고, 그 후 2~3년 동안은 성장 속도가 더뎌지면서 신장이 약 5~10cm 정도 더 자란 후 개별적 차이는 있지만, 일반적으로는 성장이 멈추게 됩니다. 사춘기 아이들은 급작스러운 신체 변화에 적응하는 것이 어려운 일이 되기도 합니다.

한편 예비 사춘기에 접어든 여자아이의 경우 갑자기 신장이 7~8cm, 체중은 7~9kg씩 늘어나게 되는데, 이때 단번에 늘어난 체중은 사춘기 여자아이들에게 큰 충격과 스트레스로 다가오기도 합니다. 그리고 가슴도 커지고 음부와 겨드랑이에 털이 나게 되면서 이 시기에 첫 월경을 맞이합니다.

이러한 시기에 사춘기 여자아이들은 급작스러운 신체 변화에 큰 충격을 받을 수도 있기 때문에 어머니와 딸 사이에는 허물없는 대화가 필요한 시기이기도 합니다. 이때 딸의 성장을 부모가 함께 기뻐해준다면 자녀도 자신의 성숙에 대해 자연스럽게, 또 긍정적으로 받아들일 수 있게 되어 부모와의 친밀감도 높아지게 될 것입니다.

• • •

소녀들의 호르몬인 에스트로겐과 프로게스테론

호르몬은 마음을 바꾸는 화학물질이며, 뇌에 영향을 주어 신체를 변화시킵니다. 여성의 경우 에스트로겐과 프로게스테론이란 여성호르몬에 의해 영향을 받는데, 사춘기가 되었을 때는 이러한 성호르몬에 더욱 민감하게 됩니다.

에스트로겐과 프로게스테론은 신체에 지방을 재배분하는 역할을 하기 때문에 여자는 남자와 달리 신체의 단백질과 지방의 비율이 23% 대 25%로 구성되어 이로 인해 볼륨 있는 여성스러운 몸매를 형성하게 됩니다.

또한 에스트로겐은 뇌세포의 활동을 촉진시키는 역할을 하는데, 특히 월경 주기의 처음 절반 동안에는 에스트로겐만 분비되어 시각·촉각·미각·후각 등이 민감해지고, 높은 행복감과 주의력·자아존중감·쾌락·성적 흥분을 느끼게 됩니다.

이러한 에스트로겐의 양은 배란이 일어나고 난자가 배출될 때 절정에 달했다가 감소하기 시작하는데, 이때는 프로게스테론이라는 또 하나의 성호르몬의 분비가 시작됩니다. 프로게스테론은 뇌의 활동을 억제하는 효과를 가지고 있어서 성욕도 감퇴시키고 불안감과 피로감으로 우울함을 느끼게 하며, 흥분된 정서를 진정시킵니다.

월경 직전에는 프로게스테론과 에스트로겐의 양은 모두 빠르게 감소하면서 행복감을 느끼게 하는 에스트로겐이 갑자기 줄어들고, 프로게스테론에 의해 억제되었던 적대감과 공격성이 나타나게 되어 갑자기 신경질적이고 주변 사람들에게 짜증을 내게 됩니다. 이러한 이유로 10대 소녀들은 소년들보다 더 많이 우울해하고 기분의 변덕이 심해지는 것입니다.

최근에 발간된 정신질환 진단 및 통계편람DSM-5에서는 월경 전에 느끼는 우울감과 신경질적인 반응을 보이는 월경전 증후군PMS을 우울증 증상으로 보고 전문적인 치료를 권하고 있습니다.

• • •

소년들의 호르몬인 테스토스테론

남자아이들의 경우, 사춘기가 되었을 때 뇌는 테스토스테론에 민감하게 반응하게 됩니다. 테스토스테론은 몸을 커지게 하며 근육과 뼈 성장에 중요한 역할을 합니다. 그래서 10대 남자아이의 몸은 단백질과 지방의 비율이 40% 대 15%가 됩니다.

특히 사춘기에 이르면 테스토스테론의 양이 여자아이의 20배 정도로 솟아오르면서 갑자기 몸집이 커지고 생리적으로 여성에 비해 더 활동적이고 격렬한 생활을 하게 됩니다. 그래서 농구나 축구 같은 격렬한 활동을 즐기게 되는 것입니다.

또한 이러한 호르몬의 영향 때문에 남성은 공격적으로 변하는데, 주변에서 흔히 생기는 크고 작은 경쟁 상황은 테스토스테론의 양을 추가적으로 증가시켜 공격성을 더욱 강해지게끔 만들기도 합니다. 남학생들은 쉽게 싸움에 휘말리게 되고, 운동선수들이 경기 전보다 경기가 끝난 이후에 더 공격성을 띄게 되는 것도 늘어난 테스토스테론의 영향 때문입니다.

테스토스테론 호르몬의 증가는 공격성뿐만 아니라 위계를 형성해 남을 지배하게 만들며, 경쟁적이고 자기주장이 강해지게 하는 역할도 합니다. 남자아이들 사이에서는 위계질서가 형성되기 전에는 자주 싸움이 일어나지만 시간이 지남에 따라 권력구조가 더욱 명확해지면 공격의 필요성이 줄어들고 안정적이 됩니다. 이처럼 권력에 대한 추구 또한 남성호르몬의 작용이라고 볼 수 있습니다.

특히 이 시기에 테스토스테론의 영향으로 성욕도 높아지고, 그로 인해 어떤 연령보다 큰 성충동을 느끼게 됩니다. 테스토스테론의 양이 그 이전보다 20배가 증가하기 때문에 10대 남자아이들의 큰 성충동은 당연한 결과입니다. 여자아이의 경우에도 성호르몬의 증가로 성욕이 높아지고 성충동도 느끼지만 남자 아이들에 비해서는 그 정도가 높지 않습니다.

이 시기 80~90%의 남자아이들은 자위행위를 통해 이러한 성충동을 해결합니다. 그러므로 부모는 이를 자연스러운 것으로 여기고 주의사항을 알려주어야 하며, 자녀 방 출입시 항시 노크를 해서 성장과정에 있는 자녀를 존중하는 태도를 가져야 합니다.

4

첫사랑의 뇌 과학, 사랑의 유통기한은 900일

사랑의 유통기한은 900일 정도입니다. 사랑의 화학물질은 시간이 흐름에 따라 그 분비량이 줄어들고 900일이 지나면 거의 분비되지 않기 때문에 첫사랑에 빠지고 2년이 지나면 상대가 달리 보이게 됩니다.

누구보다 행복한 아이였던 딸이 사춘기가 되면서 얼굴에 어두운 그림자가 드리워졌습니다. 딸이 교회에서 피아노 치는 오빠에 대해 이야기를 하기 시작하면서 부모는 딸이 첫사랑에 빠졌다는 것을 알아차리게 되었습니다. 주일에 교회에 갈 때마다 옷차림에 지나치게 신경을 쓰더니 자기가 좋아한 지 3달이 넘었다고 했습니다. 그런데 그 오빠는 자기한테 도통 관심이 없고 다른 여자아이들에게는 장난치면서 자기는 그냥 동생으로만 생각하는 것 같아 상처를 받았다면서 눈물을 글썽였습니다.

사춘기가 시작되고 첫사랑의 열병을 앓게 된 것입니다. 그럼 이런 변화는 왜 생기게 되는 걸까요? 첫사랑은 단순히 화학적 반응에 불과한 걸까요? 사랑을 할 때는 우리 뇌에서는 어떤 변화가 일어날까요?

남녀의 사랑에도 유통기한이 있다

과학자들이 주장하는 사랑의 공식에 따르면 사랑이 지속되는 시간은 900일 정도입니다. 사랑의 화학물질은 시간이 흐름에 따라 그 분비량이 줄어들고 900일이 지나면 거의 분비되지 않는다는 것입니다. 따라서 열정적인 사랑의 유효기간은 대개 18~30개월간 지속되고 첫사랑에 빠지고 2년이 지나면 상대의 매력이 사라지게 됩니다.

그렇다면 영원한 사랑은 없는 것일까요? 정말 도파민, 페닐에틸아민, 옥시토신 등의 물질들이 만들어내는 화학작용이 사랑의 전부일까요?

초기 단계의 연인들과 장기간 관계를 지속해온 부부의 뇌를 비교·분석한 결과 다음과 같은 사실이 밝혀졌습니다. 부부가 서로를 바라보고 생각할 때 반응하는 뇌 영역이 자녀를 바라보고 생각할 때 나타나는 애착과 관련된 뇌 영역과 동일하며 서로를 바라볼 때 활발하게 반응하고 있었습니다.

오랜 시간을 함께한 부부들이 흔히 "이제는 정 때문에 산다"라고 할 때는 불타는 사랑이 아니라 안정적인 애착관계를 이야기하는 것입니다.

• • •

사랑을 유지시키는 3가지 호르몬

사춘기에는 여성호르몬과 남성호르몬이 뇌를 가득 채우기 시작하면서 누군가에게 호감을 느끼고, 외모에 신경을 쓰거나 거울을 보는 시간이 많아집니다. 소위 말하는 '첫사랑에 눈을 뜰' 준비를 하는 것입니다.

MRI 촬영으로 보통 사춘기 청소년이 이성의 사진을 보면 뇌의 어떤 부위가 움직이는지를 연구한 결과 다음과 같은 사실이 밝혀졌습니다.

첫째, 도파민이라는 뇌의 화학물질이 분비되어 흥분되거나 갈망하는 마음이 생긴다는 것이 밝혀졌습니다.

성호르몬뿐만 아니라 신경전달물질인 도파민도 사랑을 일

으키는 물질로 밝혀졌습니다. 도파민은 키스 등의 성적인 표출을 할 때 쾌감과 흥분을 일으키며 기분을 좋게 해주는 작용을 합니다.

둘째, 마음에 드는 상대를 만나면 페닐에틸아민이 분비됩니다. 페닐에틸아민은 흥분된 마음과 로맨틱한 분위기를 만들어 냅니다. 체내에 페닐에틸아민이 증가할수록 사랑에 빠지는 감정을 느끼며 반대로 부족하면 우울해집니다. 흔히 사랑하는 사람을 발견하게 되면 맥박이 빨라지고 손에서 땀이 나는데, 이것은 페닐에틸아민의 영향입니다.

마지막으로 옥시토신의 분비가 활발해집니다. 이 호르몬은 호감 가는 상대를 보았을 때 분비되는데, 상대에게 깊은 애착을 느끼게 합니다. 남녀가 애정 행각을 벌이거나 성충동을 느끼게 되는 것도 옥시토신의 영향입니다.

이 외에도 페로몬은 짝짓기를 하게 하는 중요한 호르몬입니다. 여학생들을 상대로 남학생들의 땀이 밴 티셔츠 가운데 가장 섹시한 냄새를 고르게 한 결과 자신과 가장 다른 면역체계를 가진 남학생을 선택했다는 연구 결과도 보고되었습니다. 이때 남학생들의 셔츠에 밴 페로몬은 눈에 보이지 않는 짝짓기에서 중요한 역할을 하는 뇌 화학물질입니다.

■ 남자아이의 뇌 vs. 여자아이의 뇌

남자아이의 뇌
· 요점만 기억한다.
· 좌뇌를 이용해 감정을 처리한다.
· 농구공, 야구공, 축구공을 잡는 것과 같이 움직이는 물체를 던지고 가로채는 것에 능숙함을 보인다.
· 평균, 중간치, 최빈치, 편차와 같은 양에 관한 문제를 해결하는 것에 능숙하다.
· 연필깎기를 분해하는 것 같이 새로운 방법으로 물체를 다루는 것에 능숙하다.
· 친구에게 발 걸어 넘어트리기, 모자 던져버리기, 책을 홱홱 넘기기처럼 거칠고 뒹구는 놀이를 즐거워한다.
· 더 공격적이다.

여자아이의 뇌
· 자세한 내용까지 기억한다.
· 우뇌를 이용해 감정을 처리한다.
· 감정을 표현하고 사회적 변화를 정확하게 묘사하는 것에 더 좋은 언어실력을 나타낸다.
· 하늘색, 상오리색, 청록색, 남색, 선웅초색, 파란색 사이의 차이점을 알아챌 만큼 색들에 이름을 붙이는 것에 능숙하다.
· 깜짝 파티나 위로회 등을 계획하고 조직하는 것에 능숙하다.
· 시간이 정해지지 않은 시험과 자필 시험에 탁월한 실력을 나타낸다. 학교에서 더 높은 성적을 달성한다.
· 선생님을 도우려고 하는 등 더 친화적이다.

남자아이와 여자아이는 호르몬의 차이뿐만 아니라 뇌를 사용하는 방식에서도 차이를 보입니다. 서로의 뇌 차이를 제대로 아는 것은 서로 더 잘 이해하게 되는 방법이 됩니다.

5

아이에게 이성친구가 생겼을 때 부모가 해야 할 일

사랑은 10대들의 또 다른 통과의례입니다. 10대들은 사춘기 변화와 함께 성호르몬이 폭발적으로 증가되어 갑자기 이성에 대한 호기심이 생기고 이성과 사귀고 싶은 충동도 강해집니다.

중학교 1학년이 된 영희는 어느 날부터 같은 반 철수만 보면 갑자기 가슴이 뛰고, 입에 침이 바짝 마르며, 철수만 바라보는 습관이 생겼습니다. 철수 앞에 서면 괜히 얼굴이 붉어지고, 허둥지둥하게 되며 자꾸 철수 생각만 나게 되었습니다.

영희는 갑자기 왜 이렇게 변한 걸까요? 아주 오래된 시를 소개합니다.

나 그대를 한 여름 밤의 날들과 비교할까요
그대는 더 사랑스럽고 더 온화합니다

거친 바람이 5월의 꽃봉오리를 흔드는데
여름날들은 너무나 짧기만 합니다.

사춘기 아이들이 사랑에 빠지면 이전에는 아무런 감동이 없던 셰익스피어의 사랑의 시도 가슴 깊이 이해하게 됩니다. "내 마음을 이렇게도 잘 표현해주다니"라고 하면서 감동하며 다른 사랑의 시들도 찾아보게 됩니다.

10대들의 또 다른 통과의례가 있다면 그것은 바로 사랑입니다. 사춘기 이전에는 수치심과 혐오감 때문에 일시적으로 이성에 대해 부정적인 감정을 갖게 되기도 합니다. 하지만 사춘기 변화와 함께 성적 성숙이 이루어지면서 성호르몬이 폭발적으로 증가하면 갑자기 이성에 대한 호기심이 생기고, 이성과 사귀고 싶은 충동도 강해집니다.

사춘기 때 누군가를 사랑하게 되면 보통 상대에게 완전히 도취됩니다. 남녀학교가 분리되어 있던 시절에는 많은 여학생의 짝사랑의 대상은 선생님이었습니다.

요즘엔 TV에 등장하는 멋진 스타나 아이돌 가수에게 연정을 느끼는 경우가 많습니다. 친구의 오빠, 다른 반 남학생 등 개인적으로 잘 아는 것도 아니고 그저 멀리서 몇 번 본 것뿐인데도 상대방에게 열렬하게 반하기도 합니다. 달콤하고 열렬한 사춘기의 사랑의 감정과 성적인 끌림은 왜 생기는 걸까요?

• • •

사랑의 3단계는
갈망·끌림·애정

사랑에 대해 연구한 사람들은 사랑에 빠진 사람이 걸어가야 하는 길은 동서고금을 막론하고 어느 문학책에서나 너무 비슷하다는 결론을 내리고 있습니다.

사랑의 3단계는 갈망·끌림·애정입니다. 열망이 솟아나고 한 사람에게 집중하는 단계에서 테스토스테론이 수치가 높아집니다. 이때는 상대에 대해 갈망감을 느끼게 됩니다.

사랑을 느낄 때는 뇌의 도파민이 최고조에 달해서 상대를 생각만 해도 현기증이 나고 가슴이 두근거리는 흥분상태가 지속되는데, 이때가 사랑의 제2장인 끌림상태입니다. 사랑하는 사람을 오랜 기간 만나다 보면 처음에 느낀 강렬한 감정은 익숙한 상태가 됩니다. 사랑을 시작할 때 느꼈던 열정적이고 들뜬 감정은 신뢰와 믿음으로 대체됩니다.

마지막 애정단계에서는 더 깊고 더 차분한 애정의 느낌을 유지시키게 되는데, 이때는 또 다른 신경전달물질인 옥시토신이 작용합니다.

도파민은 특히 사랑과 깊은 관련이 있습니다. 뇌 과학자들에 의하면 사랑의 협주곡을 지휘하는 것은 도파민이라고 합니다. 사랑에 빠졌을 때 '행복감'이란 보상을 주는 것도 도파민입니다.

하지만 아이들의 뇌는 정신없이 변하고 성장중이기 때문에 사랑을 느끼는 기간은 고작 평균 4개월 정도입니다. 어른들보다 훨씬 짧게 사랑을 느끼고 감정은 금방 식어버립니다.

사춘기 뇌는 행정 통제센터인 전두엽의 급속한 성장을 거치면서 한창 변화의 과정에 있습니다. 따라서 이성교제의 장점과 단점을 논리적으로 비교하는 데 많은 시행착오가 따를 수밖에 없습니다. 아이들은 말도 한 번 못해본 사람과 사랑에 빠졌다고 말을 하지만, 나이가 들고 전두엽이 더욱 활성화되면 사랑이란 말을 더 분별력 있게 쓸 수 있게 됩니다.

• • •

10대 자녀가 이성친구를 만날 때

10대 자녀가 이성친구를 만난다는 것을 알게 되면 부모로서 어떤 반응을 보여야 할까요? 부모들은 대개 이성교제와 관련해 부정적인 생각을 하고 교제 자체를 허락하지 않는 경우가 많습니다. 반면 아이가 어떤 이성친구와 어떻게 만나는지 전혀 묻지 않는 경우도 있습니다.

안타깝게도 아이들이 이성교제를 시작하는 나이는 점점 어려지고 있고, 실제로 애무하고 성관계를 가지는 나이도 어려지고 있습니다. 부모는 아이가 이성친구와 사귄다는 것을 알게 되면 불편한 감정을 이겨내고 자녀와 섹스에 대해서도 이야기할 수 있어야 합니다.

영희는 남자친구가 생겼지만 부모님이 아시면 좋지 않게 생각하고 만나지 못하게 할까봐 부모님께는 알리지 않았다. 하지만 어느 날 부모님 몰래 이성친구를 만나는 것이 마음에 걸려서 용기를 내어 부모님께 고백을 했다. 그러자 아빠는 "어디 여자애가 벌써부터 남자를 만나니! 당장 헤어져!" 라고 소리를 질렀고, 엄마는 당황한 기색이 역력하셨지만 최대한 이성적으로 공부에 방해가 된다며 그만 만나라고 말했다. 그날 이후 영희 부모님은 갑자기 통금시간을 정해 집에 들어오는 시간을 정했고, 문자로 영희가 있는 곳의 위치를 자주 묻고 있다.

이 사례처럼 아이가 이성친구를 만난다는 사실을 알게 되면 일단 부모는 몹시 당황하게 됩니다. 그러므로 아이가 말하기에 앞서 자녀가 10대가 되면 이성 교제에 대한 부모의 생각을 먼저 정리해 둘 필요가 있습니다. 허락할 수 있나? 없나? 왜 그런 생각을 하는가? 혹시 부모 자신의 옛 경험으로 인해 너무 엄격하지는 않은 지 자신을 돌아보아야 합니다.

만약 아이의 이성교제를 인정할 생각이라면 우선 축하부터 해주어야 합니다. 그래야 이성친구를 은밀하게 사귀려는 유혹과 그에 따른 문제들을 예방할 수 있습니다.

또한 비록 그 이성친구가 마음에 들지 않더라도 아이 앞에서 부정적인 말이나 행동은 하지 않는 것이 좋습니다. 부모가 자신의 이성교제를 싫어한다는 느낌을 받으면 아이는 데이트하는 것을 철저히 숨기게 될 것입니다.

반드시 부모는 아이에게 도움을 줄 수 있는 구체적인 팁도 알고 있어야 합니다. 단정한 옷차림, 시간 약속 지키기, 각자 부담하는 데이트 비용, 성이 다른 친구는 어떻게 배려해야 하는지, 공부에 소홀하지 않기, 놀러갈 만한 장소는 어디가 좋은지 등 구체적인 이성교제 방법도 알려주어야 합니다. 그래야 아이들이 부모에게 이성친구에 관한 문제를 의논하고, 건전하게 사귀는 방법도 배워갈 수 있습니다.

마지막으로 아이에게 자신의 소중한 성을 보호하고 지켜야 하는 이유를 알려주어야 합니다. 부모가 자녀와 성에 대해 이야기하는 것은 어색하고 힘든 일입니다. 그러다보니 삼촌이나 이모 등에게 부탁하고 싶은 마음이 들기도 합니다. 하지만 거북한 상황을 회피하지 않고 부모가 직접 이야기해야 합니다. 그러면 아이들은 어떤 도움이 필요할 때 부모에게 의지할 수 있습니다.

부모의 입장에서는 사춘기 자녀의 이성교제를 알게 되면 여러 가지 생각에 심한 스트레스를 받는 상황에 처하게 됩니다. 일단 사춘기에는 강박적이라고 할 만큼 이성에 집착하는 것이 지극히 정상적이라는 것을 이해하는 것이 중요합니다. 그리고 아이에게 무슨 일이 일어나고 있는지 점검하는 것도 중요한 일입니다.

아이들은 모험심과 호기심으로 이성친구와 만날 때 항상 성적으로 긴장하게 됩니다. 따라서 너무 자유롭게 내버려 두는 것은 위험할 수도 있습니다. 아이에게 부모는 "성관계를 갖지 않아야 한다고 생각한다"고 분명히 말하고, 그 이유도 설명해주는 것이 중요합니다.

6

아이가 이성친구와 헤어졌을 때 부모가 해야 할 일

아이들의 성에너지를 제대로 풀어주지 못하면 실연 후 부정적으로 변한 성에너지가 자신에게로 향해 '자살'이라는 극단적인 선택을 하는 아이들도 있습니다.

요즘 10대 아이들이 이성과 만나는 모습을 보면 너무 쉽게 만나고 쉽게 헤어지는 패스트푸드식 연애로 보입니다. 반면 어떤 아이들은 헤어진 이후 심리적으로 지나치게 힘들어하거나 우울감을 겪는 경우도 있습니다.

사춘기의 우울증, 자살, 그리고 미국 고등학교에서 일어나고 있는 총기난사 사건의 원인들 중 하나가 바로 실연의 고통입니다. 그렇기 때문에 10대 후반의 아이들에게 실연의 아픔이 단지 스쳐 지나가는 일로 간주해서는 안 됩니다.

6개월 정도 사귄 여자친구와 헤어진 형우는 헤어지는 과정도 힘들었고, 이별 후엔 아픔이 커서 치유하는 데 오랜 시간이 걸렸습니다.

"여자친구와 만날 때는 무척 좋았어요. 부족한 과목을 서로 가르쳐주기도 했지요. 하지만 서로에 대한 기대가 커지면서 불만이 차츰 쌓였던 것 같아요. 결국 시간을 제대로 관리하지 못했고, 학교생활에도 좋지 않은 영향을 주었지요. 늦게까지 전화 통화를 하다보니 휴대폰 요금도 많이 나오고 잠도 잘 자지 못했어요."

중학생 아이들에게 이성친구와 사귀고 헤어지는 문제는 일상적으로 일어나는 일이고 아이들도 큰 고통 없이 헤어짐을 받아들입니다. 그러나 고등학생이 되면 이성친구와의 이별이 보다 심각한 문제가 됩니다. 이별은 누구에게나 아픔을 주는 일이지만 10대 후반의 아이들은 특히 이 문제에 취약합니다.

고등학생인 유신이는 첫 연애상대를 대하는 청소년들의 감정이 어른들이 생각하는 것처럼 결코 가볍지는 않다고 했습니다. 10대들이 쉽게 만나고 쉽게 헤어진다고 생각하는 건 어른들의 오해라는 것입니다.

"2년 동안 사귄 여자친구와 헤어졌을 때 오랫동안 우울한 감정에서 빠져나오지 못했어요. 우리는 서로 사랑했습니다. 하지만 여자친구의 아버지가 근무지를 멀리 옮기는 바람에 어쩔 수 없이 헤어졌지요. 성인이라면 먼 거리에서도 만날 수 있지만 청소년들은 그게 쉽지가 않아요. 이성교제를 어떻게 하는지도 중요하지만 익숙하지 않은 이별을 어떻게 치유하는가도 중요한 것 같습니다."

• • •

실연과 우울증, 어떻게 극복해야 하나?

10대들은 이성에 대한 욕구가 그 어느 때보다 강한 데 비해 이별의 스트레스를 대처하는 기술은 부족합니다. 그러다보니 아픔을 어떻게 달래야 할지 몰라 극단적인 생각에 빠지기도 합니다.

실연을 당한 후에는 자신을 더욱 부정적으로 느끼기 때문에 극심한 우울증에 시달리기도 합니다. 아이들의 성에너지를 제대로 풀어주지 못하면 실연 후 부정적으로 변한 성에너지가 자신에게로 향해 '자살'이라는 극단적인 선택까지 하는 아이들도 있습니다.

부모들은 자녀의 실연의 아픔을 어떻게 위로해주어야 할까요? 만약 10대 자녀가 이성친구와의 이별을 경험한 이후 심리적인 어려움을 겪는다면 헤어짐은 아주 자연스러운 일이며, 결

별의 슬픔 또한 너무 빨리 잊으려고 애쓰지 않아도 된다고 위로할 필요가 있습니다.

아이의 아픔을 과소평가해서도 안 되고 자신의 아픔을 부모나 친구에게 털어놓을 수 있도록 지지해주어야 합니다. 슬픈 감정을 인정해주고 상실감을 위로해주는 것이야말로 최고의 약이 될 수 있기 때문입니다.

이전의 이성친구를 빠르게 잊기 위해 또 다른 이성을 당장 찾으려는 행동은 위험할 수 있기 때문에 천천히 마음을 달랠 수 있도록 시간적인 여유도 필요합니다. 지나치게 우울해하고 힘없이 잠만 자려고 할 수도 있습니다. 가정 안에서 사랑과 관심을 충분히 받지 못한 것을 이성을 통해서 충족시키려고 한 것은 아닌지 살펴볼 필요도 있습니다.

이별의 아픔을 극복하기 위해 뇌 과학자들이 권하는 방법은 무엇일까요? 뇌 과학자들은 도파민을 자극시키는 또 다른 방법을 찾아보라고 권합니다. 도파민으로 작동되는 또 다른 보상체계를 작동시키는 방법은 공부에 집중하거나 운동에 몰두하는 것입니다. 아니면 시간이 지난 후에 또 다른 누구와 다시 사랑에 빠지는 것입니다. 이별의 경험을 잘 기억하고 있는 뇌는 또 다시 이별을 당한다고 해도 슬기롭게 극복할 준비가 어느 정도 되어 있도록 아픔을 통해 성숙해져 있기 때문입니다.

뇌의 급격한 변화 때문에 사춘기 아이들은 자신이 겪고 있는 일은 이 세상에서 자신만 겪는 일이라는 생각을 가지게 됩니다. 따라서 만약 내 아이가 실연의 아픔을 겪고 있다면 다음과 같은 방법으로 도와주어야 합니다.

첫째, 부모의 사춘기 시절의 이성 경험을 이야기해줍니다. 다른 사람들, 특히 부모가 젊은 시절에 겪었던 이성에 대한 두려움이나 상처 등을 이야기해주면 '나도 부모처럼 상처를 극복하고 어른이 되면 부모처럼 잘 지낼 수 있구나' 하는 생각에 마음이 편해집니다. 둘째, 실연의 아픔과 고통을 부모에게 이야기해서 위로받게 해야 합니다. 셋째, 다른 즐거운 일에 몰입할 수 있게 도와주고 신체활동이나 스포츠 활동을 권합니다.

• • •

외로움을 타는 아이들의 우울과 불안

외로움은 아이들을 우울과 불안에 취약하게 만듭니다. 혼자 있는 것을 좋아하는 아이들과 외로움을 타는 아이들은 다릅니다. 외로워하는 아이들은 누군가와 함께 있고 싶은데 그럴 능력이 없어 소외감을 느낍니다.

이런 아이들은 혼자 누군가를 짝사랑하다가 사랑이 잘 이루어지지 않았다고 느끼면 자신은 버림받았으며 고독하다고 생각합니다. 남자아이들이 이런 외로움을 더 견디기 힘들어 하는데 여자친구에게 다가가는 법을 모르고 스스로를 표현하기 어려워하기 때문입니다.

외로워하는 아이들일수록 다른 사람의 감정을 잘 알아차리기 힘들어하고 대인관계 기술이 서툰 경우가 많습니다. 이성친구에게 거절당하지 않을까 두려워하며 다가가기 때문에 결국 거절당하게 되기도 합니다. 또 데이트 도중에도 상대가 원하는 대화를 하는 것에 서툴기 때문에 자기 이야기만 늘어놓습니다. 상대는 아무런 감정도 나누지 못했다는 느낌을 받게 되며 관계를 지속하기 어려워집니다.

독립적인 아이들은 혼자 있는 시간에 취미생활을 하면서 외로움을 타지 않습니다. 하지만 외로움을 타는 아이들은 자칫 술이나 게임에 빠져들 수도 있기 때문에 부모들은 아이를 항상 지켜보아야 합니다.

부모들은 아이들이 외로움을 이겨낼 수 있는 방법을 찾도록 권해야 합니다. 남자친구가 없어서 고민인 경우에는, 관심 있는 사람에게 전화나 이메일을 보내도록 권할 수도 있습니다. 외로워하고 수줍음을 타는 아이들은 부모가 구체적으로 방법을 알려주는 것이 많은 도움이 됩니다. 동아리에 가입하거나 취미생활을 통해서 비슷한 취미를 가진 이성친구를 찾을 수도 있습니다.

자녀가 이성과 교제하는 것도 물론 신경 쓰이는 일이긴 합니다. 하지만 자녀가 만약 이성과 제대로 사귈 줄 모른다면 자라서 배우자를 만나지 못할까봐 부모로서 걱정해야 하는 상황이 닥칠 수도 있음을 알아야 합니다.

7

요즘 아이들은 어떻게 데이트를 할까?

10대들이 인터넷이나 휴대폰을 통해 유해환경에 노출되거나 범죄행위에 가담하는 사례가 늘어나고 있습니다. 10대들이 휴대폰을 이용해 선정적인 음란물을 유포하는 사건들도 늘고 있습니다.

10대의 아이들은 언제든지 사랑에 빠질 준비가 되어 있습니다. 그래서 상대에 대한 정확한 정보가 없어도 대화가 조금이라도 통하거나, 상대방의 외적인 모습이 마음에 들면 쉽게 마음을 열기도 합니다. 하지만 책임감이 부족해 쉽게 헤어지고 또 다른 이성을 만나기도 합니다.

아이들은 이 과정에서 마음의 상처를 받기도 하고, 성관계에 노출될 수도 있으므로 사춘기 아이들에게는 건강한 이성관계를 맺기 위한 적절한 교육도 필요합니다. 그러려면 요즘 아이들이 어떻게 이성과 사귀게 되는지 부모도 알아야 합니다.

• • •

요즘 10대들은 이렇게 데이트한다

다음은 요즘 10대들에게서 익숙하게 접할 수 있는 데이트 사례들입니다.

온라인은 새로운 데이트 공간이다

영희는 요즘 네이버 카페에서 알게 된 남자친구 철이 생각만 하면 몹시 마음이 설렙니다. 사진으로 본 철이의 얼굴은 바로 영희의 이상형이었기 때문입니다. 철이는 지방에서 살고 있기 때문에 온라인상에서 채팅으로만 대화할 뿐 직접 만나본 적은 없습니다. 하지만 철이는 영희의 마음을 누구보다 잘 이해해줍니다.

문자는 우리의 소통 수단이다

준기는 친구의 친구인 미희와 문자로 대화하는 것이 요즘의 일상입니다. 준기는 미희와 새벽 늦게까지 문자로 대화를 나누다가 미희에게 사귀자고 문자를 보냈습니다. 그러자 미희에게서 바로 문자가 왔습니다. "ㅇㅋ(오케이)" 그런데 문자커플이 된 지 3일째, 어제부터 미희의 문자가 뜸해지더니 저녁에는 미희에게서 그냥 친구로 지내자는 문자가 왔습니다. 준기는 고민하지 않고 "ㅇㅋ" 하고 문자를 보냈습니다.

스킨십이 애교의 수위를 넘어선다

수진이와 진욱이는 학교에서 유명한 공개 커플입니다. 아이들 앞에서 키스하고 서로의 몸을 만지는 행동도 서슴없이 합니다. 수진이의 담임선생님이 주의를 주자 두 사람은 "우리 서로 사귀는 사이거든요?"라고 오히려 반문을 했습니다.

문자연애로 사랑에 빠질 때

18살 현우는 어느 날 친구로부터 영주를 소개받았습니다. 정확히 말하자면 영주의 휴대전화 번호를 건네받은 것입니다. 현우는 설레는 마음으로 영주에게 문자메시지를 보냈습니다.

- 안녕, 난 현우라고 해. 얼마 전에 친구 기훈이가 네 소개를 하더라.
- 아~ 나도 얘기 들었어. 반가워 ^-^
- ㅎㅎ 지금 뭐해?

현우와 영주는 우선 서로의 셀카(자기 얼굴을 직접 찍은 사진)를 주고받았고, 문자메시지는 200여 건이 넘게 이어졌습니다. 카카오톡이 있기 때문에 두 사람은 전화비 걱정 없이 대화가 가능했습니다.

'TV 본다, 공부하기 싫다, 밥 먹는다, 씻고 잘 거다' 같은 소소한 일상을 하루 200~300건씩 문자로 서로에게 전하다보니 금방 절친이 되었습니다. 그러더니 급기야 사흘째에는 이런 메시지를 나누는 사이로까지 발전하게 되었습니다.

- 집에 가는 길인데 너무 춥다.
- 어떻게 해 ㅠㅠ 꼭 안아주고 싶네
- 정말? 그럼 나 지금 너희 집 앞으로 갈까? ㅋㅋ
- 어딘 줄 알고~ㅎㅎㅎㅎㅎ

최근 10대 아이들을 상담하다 보면 '소개받는다'는 말을 자주 듣게 됩니다. 친구에게 이성친구를 소개받는다는 의미입니다. 소개가 어떻게 이루어지는지 들어보면 어른들이 보기엔 당황스럽게 느껴집니다.

아이들은 먼저 핸드폰이나 메신저로 사진을 교환하고 난 뒤에 번호를 주고받아 곧바로 연락을 시작합니다. 연락이 시작되면 아이들은 이미 사귀게 된 것이나 마찬가지입니다. 이러한 상황 전개를 듣다 보면, 아이들의 문자 연애가 얼마나 위험한 것인가 하는 생각이 들기도 합니다.

• • •

유해한 디지털 세계 속에서 우리 아이 지키기

17살 채린이는 사이버 수사대의 도움으로 상담하게 되었습니다. 1년 전 고등학교를 중퇴한 아이는 인터넷 카페에서 음란채팅을 여러 차례 해오다가 얼마 전 성매매 방지법 위반 혐의로 경찰에 구속된 것입니다. 아이가 인터넷에서 만나서 사이버 성관계를 가진 사람은 최소 60명 이상에 달하는 것으로 파악되었습니다.

"돈이 필요했어요. 오히려 나쁜 쪽은 남자들 아닌가요? 20대에서 40대까지 나이도 제각각이고, 대학생부터 사업하는 사람, 회사원까지 직업도 다양했지요. 사람 만나는 재미도 있었어요. 학교를 안 가니까 심심하기도 했거든요. 제게 신경 쓰지 않는 부모에 대한 반항심도 있었던 것 같고, 무엇보다 사이버상에서 만나는 거라서 안전하다고 생각했어요."

외로운 아이들과 용돈이 필요한 아이들이 채팅 앱을 통해 성매매 상황에 노출되고 있는 것입니다. 피해 아이들은 자신이 성매매 피해를 당하고 있다는 자각도 부족하고, 심지어는 상대와 연애를 하고 있다고 생각하기도 합니다. 청소년 성매매는 어떤 경우든 성폭력 범죄이며 청소년을 향한 성적인 착취라는 것도 아이들에게 일러주어야 합니다.

최근 10대들이 인터넷이나 휴대폰을 통해 유해환경에 노출되거나 범죄행위에 가담하는 사례가 늘어나는 추세입니다. 그리고 근래에는 10대들이 휴대폰을 이용해 선정적인 음란물을 유포하는 사건들도 발생하고 있습니다.

중독과 범죄로 이어지는 사이버 섹스의 심각성

10대들의 사이버 섹스는 자칫 중독이나 범죄로 이어지기도 합니다. 사이버 섹스에서 성매매로 곧장 이어지는 성범죄 문제도 생길 수 있고, 가상 채팅의 특성상 말을 함부로 하거나 충동적인 행동을 부추기기도 합니다. 이러다 보니 아이들은 인간관계를 모두 성적인 관계의 연장선으로 보게 되고, 인간관계에서 진지한 만남을 생각하기 어렵게 되어버리기도 합니다.

아이들이 사이버 섹스중독에서 벗어나려면 어떠한 노력이 필요할까요? 사이버 섹스중독에서 벗어나는 방법은 다음과 같습니다.

첫째, 컴퓨터를 켜고 끄는 시간을 정해서 반드시 지키도록 합니다. 둘째, 혼자 컴퓨터를 사용하는 것은 피하고, 가능하면 거실과 같은 공개된 장소로 컴퓨터를 옮깁니다. 셋째, 쉬는 시간에는 컴퓨터만 하지 말고, 적절한 운동으로 스트레스를 풀도록 합니다. 넷째, 현실 공간에서 가족이나 친구들과의 관계를 늘리도록 합니다. 다섯째, 번개팅을 할 때는 보호자나 친구에게 행선지를 알립니다. 여섯째, 이런 노력에도 해결되지 않는다면 전문가의 상담을 받도록 합니다.

8

성에 대해 고민이 깊은 아이를 대하는 법

10대 자녀를 둔 부모는 비록 어색하고 불편하더라도 섹스에 대해 자녀와 이야기할 수 있어야 합니다. 그래야만 자녀들은 도움이 필요할 때 부모에게 도움을 요청할 것이기 때문입니다.

중학교 1학년인 14살 영희는 요즘 큰 고민이 생겼습니다. 하루가 다르게 커지는 가슴 때문입니다. 또래 친구들에 비해 자신의 가슴이 너무 큰 것 같아서 사람들 앞에서 몸을 웅크리거나 손으로 가리게 됩니다.

"영희에게 여러 번 이야기를 해주었어요. 가슴이 큰 것은 부끄러운 일이 아니라고요. 하지만 영희는 자기 몸이 마음에 들지 않는데요. 너무 성적으로 보인다고 하네요. 영희에게 어떻게 설명해주어야 할까요? 저대로 두었다간 척추가 앞으로 휘어질 것 같아요."

엄마는 영희 때문에 걱정이 많아졌습니다.

중학교 1학년인 14살 철수에게도 요즘 들어 큰 고민이 생겼습니다. 철수는 아침에 일어나면 가장 먼저 자신의 팬티를 확인합니다. 언제부턴가 잦은 몽정으로 인해 팬티가 젖는 일이 잦아졌기 때문입니다. 혹시라도 이런 자신의 행동이 엄마나 누나들에게 들킬까 아침에 서둘러 일어나 팬티를 빠는 일도 늘어나고 있습니다.

"철수에게 여러 번 조언을 했습니다. 남자들은 반드시 몽정을 한다고요. 몽정은 부끄러운 일이 아니며, 모든 남자들이 겪는 자연스러운 경험이라고요."

아빠는 철수가 몸의 변화를 자연스럽게 받아들이지 못하고, 혹시나 유난스러운 성격이 되지나 않을까 하고 걱정하게 되었습니다.

J.D. 샐린저의 소설 『호밀밭의 파수꾼 The catcher in the rye』은 1951년에 출간되어 지금까지 문제작으로 남아 있습니다.

"내가 할 일은 아이들이 절벽으로 떨어질 것 같으면, 재빨리 붙잡아주는 거야. 애들이란 앞뒤 생각 없이 마구 달리는 법이니까 말이야. 그럴 때 어딘가에서 내가 나타나서는 꼬마가 떨어지지 않도록 붙잡아주는 거지. 온종일 그 일만 하는 거야. 말하자면 호밀밭의 파수꾼이 되고 싶다고나 할까. 바보 같은 얘기라는 건 알아. 하지만 정말 내가 되고 싶은 건 그거야."

『호밀밭의 파수꾼』의 주인공은 이렇게 자신의 꿈을 이야기합니다.

> 너와 내가 밀밭에서 서로 만나면
>
> 키스를 한다 해도 누가 아나요.
>
> 우리들이 밀밭에서 나온다 해도
>
> 웃을라면 웃으라지 집으로 간다네.

스코틀랜드 민요 〈밀밭에서〉는 소설 『호밀밭의 파수꾼』의 모티브가 된 민요입니다. 『호밀밭의 파수꾼』의 17세인 주인공 홀든 콜 필드는 민요의 가사 가운데 '너와 내가 밀밭에서 서로 만나서'를 '너와 내가 밀밭에서 서로 잡아서'로 기억하고 있습니다.

이 민요의 가사는 성적인 내용을 암시하는 것인데, 홀든이 가사를 다르게 기억하는 것은 성적인 환상을 회피하려는 불안한 마음의 표현이기도 합니다. 『호밀밭의 파수꾼』에서는 사춘기 소년이 가지는 성에 대한 자연스러운 환상과 함께 성에 대한 두려움과 공포심 때문에 더 혼란스러워 하는 사춘기의 마음을 잘 보여주고 있습니다.

• • •

성교육에 앞서 부모가 먼저 알아야 할 8가지 지침

성교육을 하기에 앞서 부모가 먼저 알아야 할 지침 8가지가 있습니다. 아이를 교육하기에 앞서 부모가 먼저 교육이 되어 있어야 합니다.

첫째, 10대 자녀를 둔 부모는 비록 어색하고 불편하더라도 섹스에 대해 자녀와 이야기할 수 있어야 합니다. 어떤 부모들은 10대 자녀들과 섹스에 대해 이야기하면 성적 호기심을 오히려 자극하지 않을까 하고 두려워하기도 합니다. 하지만 그 부모들은 불편한 감정을 누르고 부모가 자녀의 섹스 문제에 대해 걱정한다는 이야기를 전해야 합니다. 그래야만 자녀들은 도움이 필요할 때 부모에게 도움을 요청할 것이기 때문입니다.

둘째, 10대의 성에 대해 잘 알고 있어야 합니다. 사춘기는 뇌에서 폭포처럼 쏟아지는 성호르몬 덕분에 위험한 성적 모험을 하고 싶은 시기입니다. 10대의 위험한 모험을 통제하는 능력은 떨어집니다. 부모가 통제 능력이 떨어지는 10대 자녀를 지지해주고 통제 역할을 해주어야 합니다.

셋째, 섹스에 대해 편안하게 이야기할 수 있어야 합니다. "너희들 나이는 성적 호기심이 왕성할 때다. 네 머릿속에 항상 성적인 생각으로 가득하다고 해도 전혀 이상한 일이 아니다"라고 말해줄 수 있어야 합니다. 성에 대한 이야기가 자연스럽고 일상적인 대화의 한 부분이 되려면 부모도 사춘기 자녀의 성적인 발달에 관심을 가져야 합니다.

넷째, 자녀가 이성친구를 만나는 것을 점검하고 부모의 의견을 분명하게 이야기해주는 것이 바람직합니다. "이성친구와 데이트를 하는 것이 곧 성관계를 함부로 하는 것은 아니다"라고 조언해야 합니다. 성관계는 책임 있는 행동이고 성병 감염이나 임신을 예방하는 방법도 서로 이야기할 수 있어야 합니다.

다섯째, 섹스는 다른 사람과 좋은 관계를 맺는 수단이기도 하지만 책임이 따르는 일일 뿐만 아니라 상대를 존경하고 돌보는 마음도 함께 가져야 한다고 가르쳐야 합니다. 자신만의 쾌락을 위해 하는 섹스는 다른 사람을 이용하는 것이고, 특히 어떤 행동이 성추행과 성폭행에 해당되는지도 알려주어야 합니다. 남녀 구분 없이 원치 않는 성관계는 단호하게 거절해야 한다는 점도 꼭 일러주어야 합니다.

여섯째, 자녀의 성적 행동에 대해 비웃거나 화를 내서는 안 됩니다. 자녀의 성적 행동에 대해 대화를 할 때는 질문과 대답 형식으로 하고 관심 어린 태도로 부모의 의견을 전해야 합니다. 섹스에 대해 훈계하기보다는 모든 사실을 간결하게 이야기하는 것이 도움이 됩니다.

일곱째, 섹스를 하는 영화 장면을 함께 보게 되는 경우에는 성교육의 기회로 삼는 것이 좋습니다. 임신과 성병에 대해 정확한 정보를 알려야 하고, 어른이 되어서도 결혼 후에 성관계를 가지는 것이 원치 않는 임신과 성병을 예방하는 것이란 사실을 이성적으로 설명할 수 있어야 합니다.

여덟째, 부모 자신이 가진 섹스에 대한 철학과 가치관을 자녀와 나누는 것이 바람직합니다. 이성 간의 관계나 부부관계가 굳이 성적행동을 하지 않고도 좋은 관계를 맺어나갈 수 있다는 사실을 가르쳐야 합니다.

9

아이가 임신을 했을 때 어떻게 해야 하나요?

우리나라 청소년들이 원치 않은 임신을 하게 된 가장 큰 원인은 피임을 하지 않기 때문입니다. 이는 피임 교육이 제대로 이루어지지 않고 있다는 사실을 보여주는 것이기도 합니다.

고등학교 3학년인 선미는 한참 공부에 열중해야 할 시기에 너무나도 큰 문제를 겪게 되었습니다. 남자친구와의 성관계로 원치 않는 임신을 하게 된 것입니다. 결국 선미는 고민 끝에 부모를 속이고 가출해 미혼모 쉼터에서 아이를 낳아 10대 엄마가 되었습니다.

매년 실시하는 청소년 건강행태 온라인 조사결과에 의하면, 성경험이 있는 여학생 중 0.2%가 임신 경험이 있다고 했습니다. 그리고 이들 중 70%가 임신 중절수술을 받았다고 했습니다. 이들이 원치 않는 임신을 하게 된 가장 큰 원인은 피임을 하지 않은 것이었는데, 실제로 절반 이상이 피임을 하지 않는 것으로 나타났습니다.

이런 사실은 미국 청소년들의 피임률이 99%에 이르는 것에 비하면 턱없이 낮은 것으로 피임 교육이 제대로 이루어지지 않고 있다는 사실을 보여주는 것입니다.

아이들은 콘돔 사용 대신 체외사정이나 자연 피임 등 임신과 성병 감염의 위험이 높은 피임법을 선택하는 경우도 많았습니다. 만약 10대 아이가 임신을 했다면, 구체적이고 효과적인 피임법을 아이들에게 지도하지 않은 어른들의 책임이 크다고 할 수 있습니다.

• • •

10대 아이들이 감당하기에 임신은 너무 버거운 일이다

10대의 성관계는 뜻하지 않은 임신뿐만 아니라 성병이나 낙태로 인한 건강상의 문제를 가져오기도 합니다. 특히 결혼하지 않은 상태에서 아빠 없는 아이를 낳아 미혼모가 되는 10대 소녀의 경우에는 남자아이에 비해 더욱 심각한 문제에 부딪히게 됩니다.

남자친구도 10대인 경우가 많아 가정을 꾸리기 어렵고, 결국 10대 미혼모의 부모가 아이의 실질적인 부모 역할을 하게 되는 경우가 많습니다. 임신 사실을 알게 되면 처음에는 좋은 부모가 되어보겠다는 결심을 하지만, 현실적으로는 가정을 꾸릴 수 있는 능력이 떨어지고 아빠 역할을 하겠다고 약속한 남자친구는 새로운 애인을 찾아가는 경우도 흔한 사례입니다. 이런 경우 10대 임산부는 실연까지 당하게 되어 이중의 고통을 겪게 됩니다.

현재 10대 임산부는 계속 늘어나고 있지만 대개는 가출한 미혼모 신분으로 지내고, 산전 진찰을 제대로 받지 못해 산모와 태아의 건강이 위험에 처하는 경우도 흔합니다. 부모와 주변 사람들의 축복을 받지 못한 임신으로 인해 산전관리를 부실하게 받고 태어난 아기는 체중 미달이거나 발달이 지연되는 경우도 흔한 일입니다.

또한 아직 학업을 다 마치지 못했거나 능력이 없는 10대의 경우 아이를 양육하는 데 있어서 부모가 도움을 주지 않는다면, 경제적·사회적인 어려움으로 아기는 결국 보육시설에 맡겨져 부모 없이 자라게 되기도 합니다. 이런 현실은 아기뿐만 아니라 10대 미혼모와 가족, 그리고 사회적으로도 심각한 문제가 됩니다.

• • •

10대의 갑작스런 임신이 불러오는 각종 문제들

'청소년 임신 연간 1만 5천 명 이상'이라는 매우 놀라운 수치가 발표되었습니다. 이제 주변에서 청소년의 임신과 낙태는 쉽게 접할 수 있는 일이 되었습니다. 아이들이 미디어나 SNS를 통해 성적자극에 너무 쉽게 노출되어 있고, 또 성관계를 지나치게 빨리 접하고 있다는 사실을 보여주는 지표입니다.

아이들은 자신이 생명을 만들 수 있는 몸이라는 사실과 스스로가 자기 몸의 주인임을 잘 인식하지 못하고 있습니다.

10대 임산부에 대한 조사에 의하면 10대 임산부는 다른 연령에 비해 출산 전 병원을 찾는 진찰 횟수가 적게 나타났을 뿐 아니라 영양 부족이나 음주나 흡연, 약물 남용, 성병 감염의 위험에도 심각하게 노출되어 있었습니다. 10대 산모의 영아사망률은 20~30대 산모의 영아사망률보다 최대 4배 가까이 높게 나타나 10대 엄마의 아기들도 위험에 처하는 것으로 나타났습니다.

그뿐만 아니라 임산부의 정신건강도 큰 위험에 처하게 됩니다. 임신 초기부터 배가 불러올 때까지 부모와 가족 혹은 주위 사람들에게 감추어야 한다고 생각하게 되고 주의의 멸시와 편견, 거부로 인해 죄의식과 수치심, 소외감 등에 시달리게 됩니다. 따라서 학업 중단이나 가출로 기존의 생활기반을 잃게 되면서 정신적으로 심한 불안정 상태에 놓이게 되기도 합니다.

• • •

10대 임신에 대처해 아이들에게 가르쳐야 할 3가지

10대 임신에 대처해 부모들은 아이들에게 다음 3가지를 꼭 가르쳐야 합니다.

첫째, 아이들은 가장 먼저 자기 몸의 생식구조와 신체적인 변화를 알아야 합니다. 여자인 경우 월경주기가 며칠이고, 생리를 시작한 후 며칠 째 되는 날에 배란이 되는지를 정확하게 알아야 합니다.

남자인 경우는 언제 성충동을 강하게 느끼는지, 성충동을 느꼈을 때 그것을 건전하게 해소하는 방법이 무엇인지를 스스로 터득하도록 지도가 필요합니다.

너무 어린 나이에 성관계를 하고 원치 않는 임신을 하거나 성병에 노출되면 몸과 마음에 평생 지울 수 없는 상처를 남길 수 있다는 사실을 알아야 합니다. 그리고 상대방이 성관계를 요구할 때 '싫어'라고 당당히 말할 수 있는 용기도 필요합니다.

둘째, 아이들에게는 뚜렷한 삶의 목표가 있어야 합니다. 자기 목표가 분명한 경우에는 자신이 성충동을 느꼈을 때 공부에 집중하거나 운동에 몰두함으로써 자신의 몸에서 일어나는 성적 충동의 유혹을 이겨낼 수 있습니다.

셋째, 아이들의 자존감을 높여주어야 합니다. 자신을 귀하게 여기고 자신을 사랑하는 사람은 자신의 몸도 소중하게 다루게 됩니다. 자신에 대한 사랑이 적은 사람일수록 자기 몸을 스스로 학대하기도 하고, 타인이 학대하는 것에 대해서도 아무런 방어 자세를 보이지 않는 경우가 많습니다. 그러다보니 몸도 함부로 사용하고 무책임한 성행위를 갖게 되기 쉽습니다. 아이들에게는 자기 자신과 자기 몸을 사랑하는 마음이 필요합니다.

10

아이가 실연당해 죽고 싶다고 말할 때 대처법

나이보다 성숙한 몸과 미숙한 뇌의 불일치가 10대들의 설익은 첫사랑과 우울증을 부채질합니다. 12~13세 여자 아이들이 이른 사랑의 감정을 경험하면 우울증에 빠질 확률이 높아집니다.

'베르테르 효과'란 괴테의 소설 『젊은 베르테르의 슬픔Die leiden des Jungen werther』 속 주인공 베르테르가 연인과 헤어진 뒤 권총 자살한 것을 모방해서 청소년들이 유명 인사의 자살을 따라하는 모방자살에 관한 용어입니다.

한 조사에서는 '유명 연예인이 자살했다는 소식에 자살하고 싶은 마음이 드는가'라는 질문에 응답자의 66% 이상이 '그렇다'라고 답했습니다.

특히 '자살을 생각하거나 시도한 경험이 있다'라는 질문에는 무려 72.2%가 '그렇다'라고 대답했습니다. 따라서 '베르테르 효과'가 사춘기 여자아이들의 자살 위험을 높이는 것으로 나타났습니다.

• • •

10대들은 왜 모방자살을 하는 걸까?

청소년기에는 모든 것이 크게 보입니다. 사소한 일에도 심하게 자극되어 감정의 기복을 타게 되는 것이 사춘기의 특징입니다. 이런 감정기복과 충동성은 쉽게 연예인을 상대로 사랑에 빠지는 원인이 되기도 합니다.

최근에는 '사춘기 로맨스'에 대해 뇌 과학자들이 새로운 해석을 내놓았습니다. 특히 초경이 또래보다 일찍 시작된 여자아이들은 겉으로는 성숙해 보이지만 자신의 사랑의 감정을 제대로 처리할 수 있는 뇌는 미숙한 상태이기 때문에 감정 혼란을 더 극단적으로 겪게 됩니다. 12~13세 여자아이들이 이른 사랑의 감정을 경험하면 우울증에 빠질 확률도 높아집니다.

뇌 과학자들은 이런 일이 일어나는 이유를 뇌 때문이라고 설명합니다. 격렬하고 소용돌이치는 감정 변화와 성적인 충동성은 급격하게 발달하는 데 비해 경험을 통해 합리적인 판단력을 키워주는 전두엽의 발달은 서서히 일어나기 때문입니다. 나이보다 성숙한 몸과 미숙한 뇌의 불일치가 아이들의 설익은 첫사랑과 우울증을 부채질하는 것입니다.

'마음의 감기'인 우울증은 전 세계에서 가장 흔한 정신장애입니다. 우리 모두는 살아가면서 심각하게 우울해질 수 있습니다.

"하루 종일 비가 와요. 그래서 우울해졌어요."

"친구랑 싸웠어요. 굉장히 우울했어요."

"아무것도 아닌 일로 부모에게 꾸중을 들었어요. 너무 기분이 나빠 죽고 싶었어요."

아이들은 이렇게 사소하게 보이는 일들로 상처를 받고 예민해지고 기분이 심하게 변덕스러워집니다. 10대들은 거절당하는 것에 매우 민감한 반응을 보입니다.

지나치게 과민해져서는 무시를 당한다고 느끼면 극단적으로 반응하면서 심하게 흥분하는 모습도 보입니다. 친구가 약속을 어겼다고 해서 죽고 싶다고 말한다든지, 부모에게 사소한 꾸중을 들었다고 집을 나가고 싶다고 말하기도 합니다. 하물며 청소년기의 뿌리 깊은 통과의례 중 하나인 10대의 첫사랑에 실연당한 아픔을 느끼면 자살을 심각하게 생각하게 됩니다.

• • •

기분의 기복이 심하면 우울증을 의심해야 한다

보통 사춘기에 접어들면 기분의 기복이 심해집니다. 집에서는 짜증을 내다가 친구를 만나면 갑자기 기분이 좋아지고 행복해 보이기까지 합니다. 무시를 당한다고 느끼면 발끈해서 대들고, 사소한 꾸중을 들으면 죽고 싶다고 말하기도 합니다. 여기서 더 나아가 과식을 하거나 지나치게 잠을 많이 자고, 모든 것이 필요 없다고 말하며, 대인 관계를 기피하면서 우울한 감정을 2주 이상 보이면 심각한 '주요 우울성 장애'로 발전되기도 합니다.

청소년의 9%가 일생에 한 번 자살을 시도합니다. 청소년의 자살은 다른 사고로 위장되는 경우도 많기 때문에 실제 자살률은 더 높다고 볼 수 있습니다. 자살을 시도하는 경우 대개 50번 정도 자살기도를 합니다.

연구에 따르면 아동기에 부정적인 경험(신체적·정서적 학대, 성폭력, 부모의 우울증과 부모의 잦은 다툼과 같은 가정폭력)을 당한 아이들일수록 이런 경험이 없는 아이들에 비해 자살할 확률이 5천 배나 높았다고 합니다.

청소년들이 자살하는 가장 큰 원인은 가족이나 또래와의 관계가 무너지거나 친구나 가족, 그리고 사랑하는 연예인 등 가까운 사람이 죽어서 이별한 경우입니다. 자기가 사랑한 스타가 자살했다는 소식을 듣고 동반자살에 이르기도 합니다.

감정을 조절하고 충동적인 감정을 행동으로 옮기지 않도록 하는 뇌의 조절능력은 어린 시절 부모와의 좋은 관계 속에서 만들어집니다. 실연을 당하거나 자신이 사랑하는 연예인의 죽음 후 느끼는 아픈 마음을 알아주는 사람이 없다고 생각하거나 부모가 자신을 진정으로 위한다고 느끼지 못한다면 죽음을 유일한 해결책으로 여기게 될 것입니다.

• • •

건강한 뇌 발달을 위해 꼭 해야 할 일

우리나라 10대 청소년들의 사망원인 중 1위는 자살입니다. 청소년들이 자살률이 높은 것은 아이들이 성에너지를 제대로 풀 수 있는 대안이 없는 학교와 사회에 책임이 있습니다. 성에너지가 병적으로 드러나는 것이 성 왜곡이며, 사춘기 시절의 건강한 성에너지 발현은 이후 인생에도 큰 영향을 끼치기 때문에 건강한 사춘기를 보내는 뇌의 비밀을 부모들은 잘 알고 있어야 합니다.

첫째, 건강한 식사와 운동은 사춘기 뇌를 자라게 합니다. 사춘기에 좋은 경험을 하면 나무가 자라면서 가지를 쭉쭉 뻗듯 뇌 세포도 좋은 경험이라는 양분을 먹고 활발하게 가지뻗기를 합니다. 공부만 하면 한 쪽으로만 가지를 뻗는 나무가 될 것입니다. 공부뿐 아니라 인성과 사회성 교육에 도움이 되는 다양한 경험과 오감을 자극하는 예술 활동, 다른 사람을 배려하는 자원봉사 활동이 뇌 발달에 도움이 됩니다.

하지만 이 경험에 못지않게 영양가 있는 식사와 뇌의 혈액순환을 돕는 적당한 운동이 필요합니다. 입시 스트레스와 지나치게 바쁜 학업에 쫓겨 식사를 제때에 하지 못하거나 운동을 게을리 하는 것은 뇌 발달에 좋지 않은 영향을 끼치게 됩니다.

둘째, 삶에 대한 의욕과 사랑은 사춘기 뇌를 더욱 성장하게 합니다. 건강한 식사와 적절한 운동과 더불어 풍부한 감정적 경험도 필요합니다. 사춘기 아이들은 문제를 감정적으로 판단하기 때문에 좋은 감정 경험은 건강한 뇌 발달에 도움을 줍니다. 다른 사람을 배려하고 자신에 대해 긍정적으로 생각하고 친구와 가족에게 사랑을 느끼는 것은 사춘기 뇌를 건강하게 자라도록 하는 필수 항목입니다.

셋째, 사춘기에 멋진 꿈을 가지면 그 꿈은 이루어집니다. 사춘기 뇌는 지금도 자라는 중이고 변화하고 있는 중입니다. 사춘기에는 목표를 향해 노력하고 전략적으로 판단하고 사회적 규

범을 준수하는 활동에 대해 긍정적으로 생각하는 것도 배워야 합니다. 한 사람의 인생의 궤도는 사춘기에 설정되고, 만약 이 시기에 꿈을 가진다면 어른이 된 후에 꿈을 가지는 것보다 훨씬 더 효과적으로 꿈을 이룰 수 있습니다.

또한 청소년기에는 자의식이 발달합니다. 미래의 자신을 상상하고 그에 대한 느낌을 갖게 되는데, 이 자기서사self-narratives는 예언적인 힘을 갖는다는 것이 뇌 과학이 밝혀낸 진실입니다. 따라서 아이들이 자신의 정서와 미래에 대해 긍정적으로 묘사할 수 있는 힘을 기를 수 있도록 주변에서 도와주어야 합니다.

1970년대 초에 미국에서 시작된 양성평등운동은 모든 문화에서 은밀하게 이어져온 여성에 대한 차별과 학대의 부당함을 세상에 드러내는 일이었습니다. 2017년 미국 여배우들에 의해 시작된 미투 운동은 전 세계 80여 개 나라에 들불처럼 번져가게 되었습니다. 이런 사실은 결국 여성에 대한 성차별이 성적인 학대로 이어진다는 것을 보여주는 것입니다.
성교육은 양성평등교육입니다. 가정에서 성차별과 성역할을 구분하지 않는 성평등 교육도 함께 실시되어야 합니다.

PART 3

성교육은 성평등 교육이다

1

성범죄 피해 아동의 섹슈얼 트라우마

성범죄 피해아동이 경험하는 심리적 고통은 베트남전 참전 군인들이 겪은 '외상 후 스트레스 장애'보다 더 참혹합니다. 이들은 수치심과 죄책감으로 자살하지 않고 살아남은 '생존자'들입니다.

"제 어머니는 10대 미혼모였습니다. 하녀 신분으로 가정부 일을 하며 홀로 저를 키웠습니다. 저는 무척 총명해 3살 때 글을 읽을 수 있었습니다. 교회에서는 성경을 줄줄 외우는 저를 보고 사람들은 제가 천재라며 추켜세우기도 했죠.

하지만 저의 불행은 9살 때 시작되었습니다. 엄마가 돈 벌러 나간 사이에 같은 집에 살던 사촌오빠에게 몹쓸 짓을 당했기 때문입니다. 이후로 외삼촌과 이웃집 남자들도 잇따라 저를 범했습니다."

자신의 어린 시절 성학대 경험을 눈물 흘리며 고백한 사람은 바로 미국의 유명 방송인인 오프라 윈프리입니다. 2013년 세계에서 가장 영향력 있는 유명인사 100인에 들었던 그녀가 자신의 쇼에서 불우했던 과거를 이렇게 털어놔 많은 시청자들을 울렸습니다. 오프라 윈프리는 인종차별과 성차별을 극복하고 25년간 오프라 윈프리 쇼를 진행하면서 성공신화를 써 간 여성입니다.

버지니아 울프는 20세기 영국 모더니즘 문학을 창시한 천재 작가입니다. 박인환의 '목마와 숙녀'에서 '한 잔의 술을 마시고 우리는 버지니아 울프의 생애와 목마를 타고 떠난 숙녀의 옷자락을 이야기한다'는 시 구절에 등장하기도 합니다.

그녀는 어린 시절 부모가 집을 비울 때마다 의붓오빠들로부터 지속적인 성추행을 당했지만 부모에게 그 사실을 털어놓을 수가 없었습니다. 버지니아 울프는 평생 원인모를 신경쇠약과 우울증에 시달렸고, 자신이 성학대를 당했다는 사실도 자살로 생을 마감하기 직전에 남편에게 용기를 내어 편지로 고백했을 뿐입니다.

고아원과 양부모 집을 전전하며 자란 마릴린 먼로도 8살 때 성학대를 당했습니다. 하지만 또다시 양부모에게 버림받지 않을까 하는 두려움 때문에 아무에게도 말하지 못했습니다. 마릴린 먼로는 밤마다 신경쇠약, 두통, 불면증에 시달렸고 약과 술을 먹지 않고는 잠을 이루지 못했습니다. 끝내 어린 시절 성학대의 고통에서 벗어나지 못하고 약물중독과 술중독으로 죽음을 맞았습니다 .

영화 〈테스〉로 유명한 영화배우 나스타샤 킨스키도 “나는 아버지에게 성적 학대를 당했다. 내가 어렸을 때 아버지는 항상 나를 너무 많이 만졌다”라고 독일 신문과의 인터뷰에서 자신이 당한 성학대를 털어놓았습니다.

나스타샤의 이복언니인 폴라도 5살 때부터 19살 때까지 14년간 아버지에게 상습적으로 성폭행을 당했다고 폭로했습니다. 나스타샤는 “지금 아버지가 살아있다면 그를 교도소에 보내기 위해 무슨 짓이든 할 것이다. 성폭행을 당한 사실을 털어놓은 언니가 자신의 인생을 비밀의 무게에서 해방시킨 것이 자랑스럽다”라고 했습니다.

성인이 되어서 어린 시절의 기억을 복구하고 자신의 성폭행 경험을 털어놓는 것은 치유의 시작입니다. 폴라와 나스타샤 자매도 죽은 아버지에게 범죄의 책임을 묻는 것으로 스스로 치유의 첫발을 내디딘 것입니다.

미국 FBI의 통계에 따르면 4명의 여자아이 중 한 명이, 그리고 남자아이 8명 중 한 명이 친족 성학대의 표적이 된다고 합니다. 친족 성학대는 가장 만연한 범죄이면서 동시에 사람들이 숨겨온 가장 불편한 진실입니다.

성범죄 피해 아동이 경험하는 엄청난 심리적 고통

하버드 의과대학 정신과 교수인 주디스 허먼은 1992년 책 『트라우마로부터의 치유Thauma and recovery』에서 성범죄 피해자인 소녀들을 상담하며 보고들은 것을 낱낱이 밝히면서 미국사회에 큰 반향을 일으켰습니다. 성폭행 가해자의 70~80%가 바로 가족이나 이웃이라는 불편한 진실을 보여주었기 때문입니다. 사람들이 들여다보기 힘들어하고, 가려져있던 아동 성범죄의 맨 얼굴을 보여준 것입니다.

주디스 허먼은 성범죄 피해아동이 경험하는 심리적 고통은 베트남전 참전 군인들이 겪은 '외상 후 스트레스 장애'보다 더 참혹한 것이라고 했습니다. 그리고 이 아이들이 자라서 수치심과 죄책감으로 자살하지 않고 사고로 위장된 죽음을 피해 살아남은 것은 전쟁에서 살아남은 것과 같다고 했습니다. 그리고 이들을 '생존자'라고 불렀습니다.

그럼 우리나라에서는 과연 친족 성폭력이 일어나지 않는 것일까요, 아니면 밝혀지지 않는 것일까요? 친딸을 상습적으로 성추행한 사건들이 끊임없이 드러나는 것을 보면 우리는 불편하지만 엄연한 진실에 대해 애써 눈감아왔다는 사실을 확인할 수 있습니다.

체면을 중시하는 전통문화, 집안에서 절대 권력을 가지고, 처자식을 소유물로 여기는 가부장적 사고, 여성에게 성적 순결을 기대하는 정조 규범이 모두 피해자와 피해자 가족들의 입을 굳게 닫게 만들고 있습니다. 여성가족부 조사에 의하면 아동청소년 대상 성범죄 가해자 중 70% 정도가 평소에 알던 사람이고 가족과 친척이 아동을 성폭행한 경우도 19.3%에 달한다고 합니다.

• • •

"네 잘못이 아니야"라고 누군가 말해줘야 한다

성학대를 당한 아이들은 충격에 빠져 혼란스러워하고 그것이 정확히 어떤 의미를 가지고 있는지 깨닫지도 못한 채 주변 사람들에게 감추어야 할 수치스러운 비밀이 있다고 막연히 생각할 뿐입니다.

성학대를 당한 후 '이건 모두 내 잘못이야'라는 죄책감에서 벗어나지 못합니다. 자라면서 우울증과 불안감, 소외감으로 술중독, 약물중독에 빠지기도 합니다. 세상과 다른 사람을 향한 이유를 알 수 없는 복수심은 더 큰 부메랑이 되어 자신에게 돌아와 자해나 자살충동을 느끼게 됩니다.

아동 성학대만큼 한 사람의 정신을 철저히 파괴하는 일도 없을 것입니다. 특히 어릴 때 겪는 섹슈얼 트라우마의 경험은 한 인간에게 씻을 수 없는 참담한 상처를 남깁니다. 하지만 이 끔찍한 상황도 얼마든지 극복이 가능합니다. 아이 입장에서 알아야 할 것은 '네 잘못이 아니야'라고 누군가 말해주는 것입니다.

부모들은 아동 성범죄 예방을 위해 자녀들에게 자신의 신체는 소중한 것이고, 몸에 손을 대려고 하는 사람이 있다면 분명히 거절해야 한다고 가르쳐야 합니다. 평소 친분이 있는 사람이라도 성적인 장난을 하려 할 때 단호하게 '싫어요'라고 말하게 가르쳐야 합니다. 그리고 성폭행의 후유증인 불안·공포증상을 보이거나 악몽과 야뇨증에 시달리거나 자위행동을 하는지도 잘 살펴봐야 합니다. 부적절한 성적 행동을 하거나 장난감으로 성행위를 흉내내는 놀이를 하는 것도 성폭력이 의심되는 징후들입니다.

우리나라에서는 2013년 6월 성범죄에 대한 친고죄를 폐지하고 성충동 약물치료(화학적 거세)를 모든 연령의 피해자를 대상으로 한 성범죄자로 확대 적용하는 등 성범죄 처벌을 강화하고 있지만, 성범죄 대책은 성범죄자 처벌 강화만으로는 부족합니다.

가장 중요한 아동 성범죄 대책은 피해 아동의 조기발견입니다. 그리고 피해 아동에게는 평생 씻을 수 없는 상처로 남은 트라우마를 치료하기 위한 체계적인 치료시스템도 만들어져야 합니다.

2

대물림되는 학대 트라우마

장 자크 루소가 『에밀』을 저술한 이유는 '아이에 대한 어른들의 무지'를 깨우치게 하기 위한 것입니다. 그는 아이들의 세계는 어른들과 다르고, 어린이는 어른의 축소물이 될 수 없다고 했습니다.

아이를 때리고, 잘 먹이지 않거나 가르치지 않고, 심지어는 성적인 학대를 하는 사람들은 누구일까요? 〈아동학대 현황보고서〉에서 아동학대 가해자의 81.8%가 부모인 것으로 밝혀졌습니다. 매년 학대 신고도 36%나 크게 증가했습니다. 아동학대의 주범은 부모입니다. 부모가 자식을 학대하는 가장 큰 이유는 부모의 잘못된 양육 태도와 양육기술 미숙 때문인 것으로 밝혀졌습니다.

필자는 1999년 스위스 제네바를 방문한 적이 있습니다. 그리고 제네바 대학 내의 루소박물관을 관람했습니다. 전 세계인들의 서명이 담긴 방명록에 한국인으로서는 처음으로 한글로 서명했던 기억이 지금도 생생합니다.

"어린이는 어른의 축소물이 아니다." 너무나 당연히 여겨지는 이 말은 지금부터 300년 전 프랑스 계몽 사상가였던 장 자크 루소가 처음으로 주장한 것입니다.

루소는 『에밀Emile』 서문에서 "사람들은 아이들을 전혀 알지 못한다. 사람들은 어린이 속에서 어른들을 찾고 아이들을 어른의 축소물, 또는 미성숙한 어른이라고 여긴다. 이것은 익지 않은 과일을 미리 따는 것과 같다"라고 했습니다. 그리고 자신이 『에밀』을 저술하는 이유는 '아이에 대한 어른들의 무지'를 깨우치기 위한 것이며, 어린이의 세계는 어른들과 다르고, 어린이는 어른의 축소물이나 복사물이 될 수 없기 때문이라고 했습니다.

• • •

아이에 대한 어른들의 무지

필자는 소아정신과 의사로서 이 말에 진정으로 공감합니다. 많은 부모들이 자식에 대해 잘 알지 못하고, 아이들을 작은 어른으로 취급해 생기는 문제가 한둘이 아니기 때문입니다. 최근에는 말하기가 늦고, 불러도 반응이 없고 엄마에게 유달리 집착하는 증상을 보이는 아이들이 혹시 자폐는 아닌가 걱정하는 부모와 함께 진료실을 많이 찾습니다.

하지만 대부분은 부모가 미숙하거나 정서적으로 우울해서, 아이와 애착 형성이 되지 않아 발생한 유사자폐인 경우가 많습니다. 이런 일이 생기는 것은, 아이들은 내버려둬도 저절로 잘 자란다는 생각 때문입니다.

한편에서는 부모가 지극 정성으로 잘 키우고 아이가 공부도 잘하는데, 이유를 알 수 없는 불안증상을 보이는 아이들도 있습니다. 어떤 부모들은 아이와 대화가 잘 된다며 어린 자식을 친구 대하듯 합니다. 이런 경우는 아이를 어른의 축소판이라고 여기는 것입니다.

어린이를 어른 취급하면 아이에게는 불안 증상이 생깁니다. 부모의 하소연이나 불평을 듣고 오히려 부모를 위로해주는 아이들은 그만큼 마음에 큰 부담을 느끼게 됩니다. 의미도 제대로 모르면서 하는 행동은 아이들에게 큰 스트레스가 되기 때문입니다.

2015년 방영된 〈경찰청 사람들 2015〉에서는 2008년에 일어난 울산 아동학대 사건을 다루었습니다. 필자는 계모에게 살해당하기 전 학대받던 피해자인 5세 남자아이가 그린 그림을 분석해 달라는 요청을 받았습니다. 항상 화가 나있고 힘이 센 아빠와, 화난 눈과 웃는 얼굴의 이중성을 보이는 엄마, 그리고 이들에게 잘 보이려고 웃고 있는 나. 아이는 항상 부모의 표정 변화를 살피고 눈치를 보고 있었다는 것을 알 수 있습니다.

아이들은 설사 누군가에게 학대를 당한다 해도 학대 사실을 주변에 알릴 수 없습니다. 이 아이의 세상에서는 학대당하는 것이 당연하고 살아남기 위해 어른의 눈치를 보는 것이 최선이기 때문입니다.

최근 들어 부모가 자식을 죽이고 유기하는 끔찍한 아동학대 범죄가 잇따르고 있습니다. 그리고 많은 사람들이 도대체 왜 이런 일이 반복되는지 너무나도 의아해합니다. 필자는 루소의 말처럼 '아이에 대한 어른들의 무지'가 아동학대의 배경이 된다고 생각합니다.

어린이 성장의 발달단계를 정하고 발달단계에 맞는 양육과 교육을 주장한 루소는 분명 오늘날 아동심리학의 원조라 할 수 있습니다. 필자가 루소의 『에밀』을 떠올린 것은 지금도 어른들은 아이들의 마음을 잘 알고 있지 못하기 때문입니다.

『에밀』이 출간된 지 300년이 지난 현재를 생각해봅니다. 우리 어른들은 아이들의 마음을 얼마나 더 잘 알고 있고, 또 얼마나 더 잘 알려고 노력하고 있는 걸까요?

• • •

학대 트라우마는 대물림된다

그러면 금지옥엽으로 꽃으로라도 때리지 않고 사랑으로 길러야 할 자식을 학대하는 부모들은 어떤 사람들일까요?

트라우마로 남는 부모의 말 한마디

"너는 아주 나쁜 아이야." 어린 시절 지나치게 간섭하고 항상 핀잔주는 엄마의 영향으로 자신의 행동에 눈치 보며 자란 A는 결혼 후 자녀에게 자신이 부모에게 배운 태도로 똑같이 양육했습니다. 아이가 눈을 깜빡거리는 틱 증상을 보여 병원을 찾기까지 자신의 비판적인 태도가 아이에게 불안을 일으킨다는 자각을 하지 못했습니다.

부모의 불행한 결혼 생활로 아이들이 받는 스트레스는?

아버지의 외도로 늘 부부싸움을 하는 부모를 보고 자란 딸 B는 엄마의 신세타령과 함께 남자에 대한 적대감을 가슴에 품고 자랐습니다. 자신은 부부싸움을 하지 않겠다고 다짐했지만 막상 결혼 후에는 남편의 작은 실수에도 지나치게 화를 내게 되었습니다. 결국 남편과 부부싸움이 잦아졌고, B의 아이는 부모의 싸움에 주눅 들어 있다가 급기야 밤에 귀신이 보인다는 공포증상이 생겨 병원을 찾게 되었습니다.

엄마가 우울할 때, 아이들은?

C는 어린 시절 부모가 이혼한 후 친척집에 보내졌습니다. 몇 년 뒤에 다시 엄마와 지내게 되었지만, 일하는 엄마에게 혼자 지내기 무섭다는 투정을 할 수가 없었습니다. 엄마가 나를 또다시 버리지 않을까 걱정되었기 때문입니다. C는 결혼 후 사춘기에 접어든 자녀가 학교에서 받은 정서행동발달검사에서 우울증으로 판정받을 때까지 자신에게도 우울증이 있다는 사실을 모르고 지냈습니다.

엄마가 자신의 과거 기억에 사로잡혀 우울해하고, 아이의 감정을 잘 읽지 못하면 아이와 원활한 감정소통이 안 되어 아이는 자신감 없고 무기력한 아이로 자라게 됩니다.

"괜찮아, 넌 나쁜 아이가 아니야." 이런 생각은 부모가 자신에게 먼저 해야 합니다. 트라우마 치료의 시작은 자신의 상처를 인정하는 것입니다. 그리고 부모는 자신의 과거 아픈 경험과 육아를 분리시킬 수 있는 힘을 길러야 합니다.

엄마가 우울한데 아이를 어떻게 잘 기를 수 있을까요? 부모 자격 시험을 치를 수는 없지만 좋은 부모가 되기 위해서 자신을 먼저 사랑하고 존중하는 법부터 배워야 합니다. 부모가 자신의 부모에게서 물려받은 잘못된 양육방식 때문에 내 아이를 힘들게 할 수 있다는 자각도 필요합니다. 그리고 적극적인 노력을 기울이지 않는다면 본인이 받은 학대 트라우마가 대물림될 수 있다는 것도 알아야 합니다.

3

가정폭력이 아이를 범죄자로 만든다

'학대 피해자-가해자 가설'에 의하면 어린 시절 성적인 학대나 신체적 학대를 당한 피해자는 자라서 성폭력을 포함한 폭력 가해자가 될 가능성이 높아집니다.

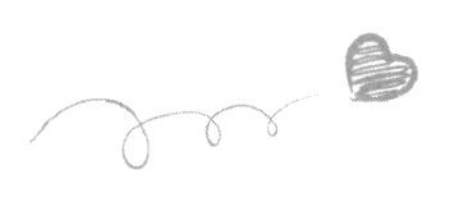

아이들을 학대하는 충격적인 사건이 연이어 일어나고 있습니다. 최근에는 어린 아들을 마구 때려 숨지게 하고 시신을 훼손해 냉동 보관해온 끔찍한 일도 일어났습니다. 왜 이런 일들이 일어나는 걸까요? 그리고 어떤 부모들이 자신의 분신과도 같은 자식을 이토록 학대하는 것일까요?

미국에서는 아동학대 범죄가 발견되면 가해자를 처벌하는 것은 물론이고 아동과 가해자를 분리시킵니다. 가해자가 부모인 경우, 영구격리가 필요하다고 판단되면 친권을 박탈하고 위탁가정에 입양시킵니다. 그리고 심각한 트라우마가 의심되는 피해 아동들은 적극적인 치료를 받게 합니다. 우리나라도 2014년 9월 이후 시행된 '아동학대범죄특례법'으로 아동학대 가해자에 대한 처벌이 엄중해졌지만 피해 아동에 대한 적극적인 치료는 아직 미흡한 수준입니다.

필자는 소아정신과 전문의로 가정폭력이 자라나는 아이들의 마음에 결코 치유되지 않는 심각한 상처를 남긴다는 것을 잘 알고 있습니다. 자녀를 때리거나 심한 욕설을 하는 것뿐만 아니라 아버지가 어머니를 폭행하는 것을 보는 것만으로도 아이들의 마음에는 깊은 상처가 남게 됩니다.

• • •

폭력은 대를 이어 유전되기 마련이다

전래동화 〈콩쥐와 팥쥐〉에서 계모는 끊임없이 콩쥐를 학대합니다. 잘 먹이지 않을 뿐 아니라 '밑 빠진 독에 물 붓기'와 같이 어른들도 하기 힘든 일을 시키고, 제대로 가르치지도 않습니다. 아이들이 읽는 동화 속에서 콩쥐는 자라서 원님 아들과 결혼하는 해피엔딩으로 이야기가 끝나게 됩니다. 하지만 실제로 전해 오는 민담에서는 콩쥐가 자기를 괴롭힌 계모와 팥쥐를 잔인하게 죽이고 복수하는 것으로 끝납니다.

분석심리학에서는 옛날 이야기 속에 사람들이 살아오면서 겪는 원초적 문제와 해결책이 들어 있다고 합니다. 동화 속 〈콩쥐와 팥쥐〉 이야기에는 권선징악의 교훈이 담겨 있지만, 실제 민담에서는 아이들은 자신을 학대하는 어른에 대해 분노를 느낄 뿐 아니라, 보복을 위한 살인적 환상을 가지게 된다는 것도 보여줍니다. 그리고 실제로 어린 시절 학대받은 아이들은 자라서 복수의 화신으로 변해 사회적 문제를 일으키기도 합니다.

영국 일간지 〈데일리메일daily mail〉은 보통의 3세 아이와 부모의 학대 속에 자란 아이의 뇌 스캔 사진을 비교해 보도한 적이 있습니다. 3세 전에 학대를 당하면 아이의 뇌에 실제로 시커멓

정상적인 아이의 뇌(왼쪽)와 학대받은 아이의 뇌(오른쪽)

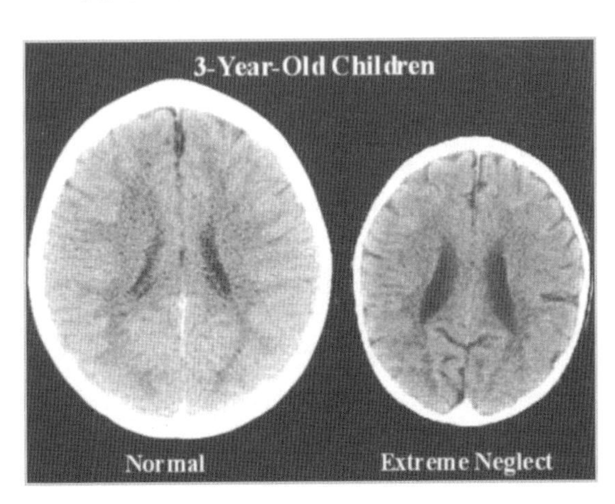

게 멍이 든다는 것을 오른쪽 뇌 스캔 영상으로 확연히 알 수 있습니다.

부모에게 사랑을 듬뿍 받은 아이(왼쪽)와 학대받은 아이(오른쪽)는 뇌 크기가 다릅니다. 사랑을 받은 아이의 뇌는 더 크고 잘 발달되어 있지만, 그렇지 못한 아이의 뇌는 더 작고 어두운 부분이 많습니다. 영유아기에 받은 상처로 인해 뇌 발달에 문제가 생기면 아이의 지능 발달이 늦어질 뿐 아니라 자라서 성인이 되면 폭력 범죄에 연루되기 쉽습니다. 마약중독과 우울증 같은 정신 질환이 생길 가능성도 높아집니다.

폭력 가정에서 자란 아이들은 부당하게 피해를 입은 어른들과 마찬가지로 분노에 차있고, 때로 공격적이며 분노조절의 어려움을 겪습니다. 이 아이들은 자라서 폭력 가해자가 되거나 폭력 피해자가 되기도 합니다.

어린 시절 학대를 당한 남자아이의 경우 폭력 가해자가 되기 쉽고, 여자아이의 경우 폭력 피해자가 되기 쉽다는 연구 결과도 있습니다. 딸의 경우 어린 시절 엄마가 아빠에게 맞는 것을 보고 자라서 "나는 절대 아빠와 같은 사람과 결혼 안 할 거야"라고 결심해도 막상 결혼할 때는 좋은 사람 다 물리치고 아내를 때리는 남자를 무의식적으로 선택하는 경우도 있습니다.

• • •

어린 시절의 학대 경험이 아이의 미래를 망친다

어린 시절을 불행하게 지냈다고 모두 범죄자가 되는 것은 아니지만 성범죄자들의 어린 시절을 살펴보면 폭력적인 아버지, 사별이나 가출 등으로 어머니가 없는 가정에서 자랐다는 점이 눈에 띕니다. 어린 시절 성적인 학대나 신체적 학대를 당한 피해자는 자라서 성폭력을 포함한 폭력 가해자가 될 가능성이 높다는 이른바 '학대 피해자-가해자 가설victim-offender hypothesis'은 이미 오래 전에 알려진 이론입니다. 특히 어린 시절 성적인 학대를 당한 피해자는 자라서 아동 성폭행 가해자가 될 가능성이 높습니다.

왜 그럴까요? 어린 시절 신체폭력이나 성폭력을 당하면 피해 아동은 자신을 가해자와 동일시하게 되는데, 이런 적대적인 동일시를 통해 피해 경험이 있는 가해자는 극단적이고 폭력적인 방법으로 보복할 위험이 높아지게 됩니다.

한편 어린 시절에 성적 학대를 당하면 성적으로 더 조숙해져서 친구들에 비해 자위행위를 더 빨리 시작하고 사춘기에 나타나는 2차 성징도 더 빨리 나타납니다. 성적으로 조숙하다보니 자라서 성범죄자가 될 위험도 더 높아지게 되는 것입니다.

말의 힘은 놀라운 것입니다. "고맙습니다"란 말을 한 달간 듣고 자란 꽃은 활짝 피어나는데 "짜증나!"란 말을 듣고 자란 꽃은 아예 시커멓게 시들어 버립니다. '자기실현적 예언'이란 말처럼 "나쁜 놈" "재수 없는 놈" "바보야"라는 말을 반복해서 들으면 실제로 그렇게 되도록 마음이 이끌어지게 되고 자신도 모르게 나쁜 행동을 하게 됩니다.

부부 사이에, 그리고 자녀에게 밝은 표정으로 긍정적인 말을 건네는 것은 가정에 맑은 에너지와 건강한 파동을 퍼뜨리는 것입니다. 자녀에게 행복한 미래를 선물하고 싶은 부모라면 가족을 때리거나, 겁주고 비난하는 말을 하는 것이 아이에게는 씻을 수 없는 마음의 상처가 될 수 있다는 사실을 명심해야 합니다.

4

남자의 뇌가 느끼는 성, 여자의 뇌가 느끼는 성

남녀 사이에 성희롱 사건이 반복해서 발생하는 것은 상대를 잘못 이해하거나 상대를 이해하기 어렵게 만드는 남자의 뇌와 여자의 뇌 차이 때문이기도 합니다.

"한국 남자들은 나이가 들면 여성호르몬이 많이 나와서 얌전해진다." "의사소통을 잘 하는 능력은 예쁜 여자를 꼬시는 능력과 같다." 강의실 안에 있던 여학생들은 이 말을 듣고 성차별적 발언이라는 생각에 기분이 나빴습니다. 만약 교수가 강의시간에 이런 말을 했다면 이런 행위는 성희롱일까요? 이런 성차별적인 말은 설사 비유로 했다 해도 당연히 성희롱에 해당됩니다.

회사 고위직인 남성임원이 회의 때마다 분위기를 좋게 한다는 의도에서 음담패설을 한마디씩 던지거나, 여직원들의 옷차림을 칭찬할 때도 여직원들은 기분이 나빠집니다. 이런 불편한 부분에 대해 어떻게 피드백을 주어야 할까요? 여직원들이 정색으로 항의하자 "나는 그 말을 칭찬으로 했을 뿐인데, 그게 잘못된 것이란 건 전혀 생각하지 못했는데" "기분 좋으라고 그렇게 말 했을 뿐인데" 라는 대답이 돌아왔습니다.

사실 남녀 사이에 불필요한 성희롱 사건이 발생하는 것은 상대를 잘못 이해하거나 상대를 이해하기 어렵게 만드는 남자의 뇌와 여자의 뇌 차이 때문이기도 합니다.

• • •

남자의 뇌와 여자의 뇌는 어떻게 다를까?

하버드 대학 총장인 로런스 서머스는 2005년 1월 졸업식에서 "이공계 학과에 여학생 수가 적은 이유는 차별에 따른 것이라기보다 여학생이 그 분야에 필요한 능력을 선천적으로 갖추지 못했기 때문이다"라는 발언을 해서 많은 논쟁을 불러일으켰습니다.

이런 논쟁에 대한 올바른 답을 하기 위해 '미국 의학 아카데미'와 '미국 과학 아카데미', 그리고 '미국 기술 아카데미'가 협동으로 이 문제에 대한 연구 조사를 실시했고 그 결과를 다음

Man ♂
Woman ♀

과 같이 발표했습니다.

"뇌의 구조와 기능, 호르몬의 영향, 인류의 진화에 관한 연구들에 따르면 이공계 직종에 여성들이 드문 이유를 설명할 수 있을 만큼 의미 있는 성별 간의 인지적 능력 차이는 나타나지 않는다. 그러한 상황은 개인적·사회적·문화적 요인의 결과이다."

남녀 간의 지적인 능력의 차이는 없다는 것이고 이공계 학과를 선택하게 되는 것은 사회·문화적인 요인 때문이라는 점을 강조한 것입니다. 하지만 많은 뇌 과학자들은 전공 선택이 아닌 남녀의 행동 차이와 의사소통의 차이를 뇌 과학으로 설명하고 있습니다.

1970년대 초에 양성평등운동이 시작되자 남자와 여자는 똑같이 행동하고 생각한다는 것을 믿게 되었습니다. 하지만 여자와 남자는 근본적으로 다릅니다. 의사소통을 하는 방식과 문제를 해결하는 방식, 그리고 감정을 처리하고 스트레스에 대처하는 방식도 남녀의 차이가 분명히 있습니다. 이런 차이는 서로 다르게 진화해온 뇌로도 설명이 가능합니다.

그러면 실제로 남자와 여자의 뇌 구조는 어떻게 다를까요? 최근 많은 연구에서 남녀의 뇌 구조에 분명한 차이가 있음이 증명되고 있습니다. 남자들은 평균적으로 여자들보다 학습 능력이나 업무수행 능력이 우수하고, 여자들은 문제해결 능력과 멀티태스킹 능력이 남자보다 탁월하게 나타났습니다.

남녀의 뇌 구조는 모양이나 기능이 다르다기보다는 뇌의 피질들끼리 연결해주는 뇌 신경섬유의 배선구조가 확연하게 다른 것으로 나타났습니다. 즉 남자의 뇌는 우뇌 또는 좌뇌의 신경망이 독립적으로 강하게 연결되어 있는 반면에 여자의 뇌는 서로 다른 뇌, 즉 우뇌와 좌뇌 간의 연결이 매우 많은 것으로 나타났습니다.

우뇌와 좌뇌 중 하나만 사용하면 높은 집중력을 발휘할 수 있습니다. 그리고 우뇌와 좌뇌가 잘 연결되어 서로 협업을 하면 사회성을 요하는 일이나 멀티태스킹 작업에 유리하게 됩니다.

■ 대뇌 연결 구조의 남녀 차이

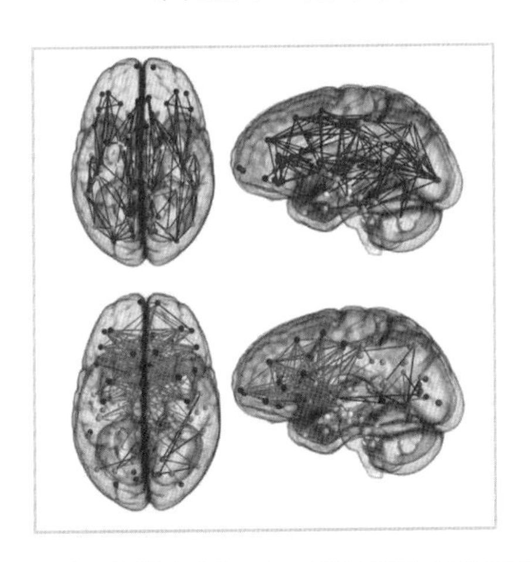

남자 대뇌(위)에서는 앞뒤쪽의 연결, 그리고 뇌반구 내부의 연결이 두드러졌으며,
여자 대뇌(아래)에서는 좌우 뇌반구 간의 연결이 두드러졌다.
출처/ Ragini Verma, PNAS

이 점에서 연구 결과는 여성이 지도를 잘 볼 줄 모르고, 남성은 멀티태스킹에 약하다는 '화성에서 온 남자, 금성에서 온 여자'의 통념을 과학적으로 입증한 것이라고도 할 수 있습니다.

• • •

화성남자와 금성여자의 뇌 차이

남녀의 관심사나 세상을 보는 시각의 차이는 13세 이후에서 더욱 극명하게 나타납니다. 이때는 성적인 징후가 남녀별로 다르게 나타나듯이 남녀의 시각 중추의 능력도 달라져 여자가 색깔을 구분하는 능력이 탁월해지는 반면, 남자는 색보다는 상세한 물체의 모양과 빨리 움직이는 시각적인 자극에 더 예민하게 반응하게 됩니다.

반면에 여자는 좌뇌에서 느끼는 직관적 능력을 우뇌로 보내고 좌우뇌를 상호연결해 이를 분석하고 순서적으로 정리할 수 있는 능력이 뛰어납니다. 여성은 남성보다 2년 정도 먼저 전두엽의 발달이 시작되고 이런 신경연결은 전두엽 쪽에서 많이 나타는데, 이것은 여성의 언어적 능력이 더 뛰어난 이유이기도 합니다. 여아가 같은 또래의 남아보다 2년 정도 성숙하다고 여겨지는 것도 전두엽의 발달이 더 먼저 시작되었기 때문입니다.

인간의 공감능력에 관여하는 거울신경이 밀집해 있는 뇌 부위도 여성의 뇌에서 더 발달해 있기 때문에 여성이 남성보다 공감과 감정이입을 잘 할 수 있게 됩니다.

• • •

성적인 문제에 대한 생각에도 차이가 있다

남성들은 성적인 문제에 몰두하는 경향을 보이고 성에 대한 생각을 처리하는 데 많은 시간과 노력을 들입니다. 여성들의 경우에는 성에 대해 집중하는 시간보다 자신의 감정을 말로 표현하는 데 더 많은 시간을 들이고, 이런 일에 더 쾌감을 느낍니다. 여학생들이 말하기와 대화하기, 휴대폰으로 문자 메시지를 주고 받는 것에 남학생들보다 더 열중하는 이유이기도 합니다.

스트레스를 받으면 동굴에 들어가서 혼자 생각에 잠기는 화성에서 온 남자와, 스트레스를 받으면 수다를 떨고 쇼핑을 하는 금성에서 온 여자는 서로를 이해하기 위해 상대의 뇌에 대해서도 알아둘 필요가 있습니다.

한 조사에서는 여성과 남성의 성희롱에 대한 생각이 다르게 나타났습니다. 여성들이 성희롱을 남성에 비해 더 많이 경험하고 또 성희롱은 해로운 것이라고 인식하는 반면, 남성들은 성희롱적인 발언이 상대를 칭찬하는 것이란 오해를 하는 경우도 많았습니다.

성희롱이란 상대가 불쾌하게 느끼는 불필요한 농담과, 상대의 오해를 살 수 있는 성적인 관심을 드러내는 것입니다. 남성들은 자신이 하는 말과 가벼운 농담이 상대에게 모멸감을 줄 수 있다는 것을 알아차리지 못하는 경우가 많았습니다. 이는 뇌 과학이 밝혀낸 여성과 남성의 생각의 차이입니다.

• • •

남녀는 성을 각각 다르게 인식한다

남자와 여자는 사랑과 섹스에 대해서도 다른 인식을 가지고 있습니다. 책 『화성에서 온 남자 금성에서 온 여자』에서 설명한 바대로 화성에서 온 남자는 여자의 에스트로겐에, 그리고 금성에서 온 여자는 남자의 테스토스테론에 각자 이끌리게 됩니다. 화성에서 온 남자와 금성에서 온 여자가 만나면 두 사람의 뇌 안에서는 도파민이 폭포수처럼 넘쳐흐르게 되는데, 이때 도파민의 영향으로 두 사람은 황홀경의 바다에 풍덩 빠지게 됩니다.

그러나 도파민의 유통기간은 길어봐야 4개월이고, 남자의 경우 더 짧은 기간에 사라집니다. 여자는 도파민이 사라져도 관계를 맺고자 하는 옥시토신이 분비되어 관계를 지속시키고 싶어하지만, 남자의 경우는 그렇지 않은데 이것이 사랑과 이별에 대한 남녀의 뇌 호르몬의 차이입니다.

대개의 여학생들은 자신의 섹스에 대해 장밋빛 평가를 내립니다. 성충동에 대해서도 로맨스로 치장하기를 좋아합니다. 그래서 만나서 한 번도 이야기를 나누어 본 적이 없는 사람과도 사랑을 할 수 있다고 느낍니다. 아이돌 스타에 일방적으로 열광하는 것도 10대의 뇌가 시키는 일이라고 할 수 있습니다.

반면 남학생은 '사랑한 다음에 떠나라'는 원칙에 충실합니다. 남학생들은 쉽게 성적인 자극을 받으며, 성충동을 느끼고, 성적 행동을 하나의 충동으로 여깁니다. 여학생들과는 달리 섹스에 대해 장밋빛 평가를 내리지 않는 것도 남녀의 성에 대한 차이라 할 수 있습니다.

5

성 정체성이 혼란스러운 아이, 어떻게 해야 할까요?

뇌 과학자들은 동성애 성향의 원인이 뇌에 있고, 동성애가 뇌의 구조적 차이나 유전적 요인, 태아기 때의 호르몬의 영향으로 인한 복합적인 뇌의 작용으로 결정된다고 보고 있습니다.

대부분의 사람들은 생물학적 성sexual identity과 성적 정체성gender identity이 일치합니다. 그러나 어떤 사람은 생물학적 성sex과 심리학적 성gender이 일치하지 않고, 자신과 다른 성이 되고 싶다는 강한 소망을 가지게 되는 경우가 있습니다.

'동성애'란 같은 성의 사람과의 관계에서 감정적으로, 육체적으로, 성적으로, 그리고 낭만적으로 끌리는 경우입니다. 이성애자들은 확연하게 다른 성에 끌리며, 동성애자들은 동성에게, 양성애자들은 양성에게 끌립니다.

동성애자보다는 '게이'나 '레즈비언'이라는 용어가 더 많이 쓰이고 있습니다. 동성애에도 다양한 형태가 있는데 동성애자가 이성애를 겸할 수도 있고 이성애자가 일시적으로 동성애를 경험하는 경우도 있습니다.

우연히 동성애 간의 애정 표현을 목격한 뒤에 너무 놀라서 동성애에 대해 막연한 두려움과 공포를 느끼는 '동성애 공포', 이성 간의 성행위가 다른 어떤 형태의 성행위보다 우선한다는 믿음을 보여주는 '이성애주의', 겉으로는 드러나지 않는 '잠재적 동성애'가 있습니다.

• • •

동성애에 대한 편견은 여전하다

프로이트의 견해에 의하면 유아기에는 잠재적으로 남성과 여성 모두를 성적인 것으로 판단합니다. 즉 모든 인간은 선천적으로 양성애자라고 보았고, 따라서 프로이트는 동성애자들을 병든 것으로 보지 않았습니다. 그는 동성애를 부분적으로 자위적이고, 자기애적인 행위로 보았습니다. 자신과 같은 육체를 사랑하는 것은 거울에 비친 자신과 사랑을 나누는 것과 같다고 했습니다.

미국 정신의학회는 1973년에 이르러 많은 동성애자들이 사회적으로 문제없이 활동한다는 사실을 근거로 동성애를 정신과적 질병이라고 보지 않기로 했습니다. 그리고 정신의학의 진단분류체계에서 동성애를 포함해 '성 정체감 장애gender identity disorder'를 삭제하게 되었습니다. 하지만 동성애 때문에 심적으로 고통 받는 사람들은 치료가 필요한 상태로 '성-불편함gender dysphoria'이란 진단에 포함되어 본인이 원하는 경우 정신과 상담을 받도록 권합니다.

하지만 정신과 질병분류에서 빠졌다고 해서 동성애 문제가 결코 해결된 것은 아닙니다. 게이, 레즈비언, 그리고 양성애자들은 대부분의 이성애자들에게는 없는 특별한 문제에 직면하게 됩니다. 많은 사람들은 동성 결혼을 인정하지 않는 법과 사람들의 일상적인 편견과 차별, 파트너들을 위한 배우자의 혜택의 부재, 그리고 그들을 거부하는 이웃, 가족들과 심각한 갈등을 겪게 됩니다.

우리나라에서는 1990년대 이후로 동성애자 모임이 생기기 시작했습니다. 일부 연예인들이 자신의 동성애적 성향을 밝히면서 인터넷 동호회를 비롯한 성소수자 모임도 조금씩 늘어나고 있습니다.

• • •

왜 동성애적 성향을 가지게 될까?

뇌 과학자들은 동성애 성향의 원인이 뇌에 있고, 동성애가 뇌의 구조적 차이나 유전적 요인, 태아기 때의 호르몬의 영향 등 생물학적으로 결정된다고 보고 있습니다. 동성애나 양성애는 장애가 아니며, 누군가에 의해 만들어진 것도 도덕적으로 타락한 것도 아닌 복합적인 뇌의 작용이라는 주장입니다

많은 게이와 레즈비언들은 동성에 대한 끌림과 자신이 동성애적인 성향이 있다는 것을 인지하게 된 것은 신체적·인지적 성숙이 이루어지는 사춘기 초기에 시작되었다고 회고합니다. 하지만 사춘기 아이들의 경우 문제에 대한 인식을 하게 되면 남모르는 고민이 시작됩니다.

모든 친구들이 이성에 대해 이야기하고 데이트를 하는 동안 동성애자 아이들은 완전히 다른 감정을 경험하게 되기 때문에 '왜 나는 이 대화에 낄 수가 없는 걸까, 왜 내 모든 친구들이 느끼는 매력을 나는 느끼지 못할까?'라고 스스로를 이상한 사람으로 여기게 됩니다. 그러다가 어느 시점에서 왜 다르게 느끼는지를 스스로 깨닫게 됩니다.

• • •

동성애에 부정적인 수많은 사람들

우리 사회는 아주 미묘하거나 또는 확실한 여러 방식으로 동성애자 및 양성애자에 대해 다른 이들과 다른 '변태'고, 동성애는 '역겹다'고 가르치고 있습니다. 청소년의 가장 중요한 일 가운데 하나는 긍정적인 성인의 정체성을 발달시키고 통합하는 것인데, 이것은 청소년 동성애자들에게는 큰 도전이 됩니다. 대부분의 청소년들은 동성애와 관련한 나쁜 농담이나 모욕적인 언급, 증오가 섞인 편견들을 익숙하게 들으며 자라게 됩니다. 그러다보니 자신이 다른 성적 지향을 가졌다는 것을 깨닫는 아이들은 맨 처음 두려움을 느끼게 됩니다.

안타깝게도 동성애자이거나 양성애자인 10대들은 정서적으로나 심리적으로 매우 괴롭고 힘든 이 시기를 버텨야 합니다. 소외감과 우울증으로 실제로 스스로 목숨을 끊는 아이들도 있습니다.

최근에 서양에서는 사춘기 이전에 동성애 감정을 느끼는 아이들이 미리 자신의 성적인 취향을 다른 사람들에게 밝히고 청소년기에 죄책감 없이 동성애의 정체성을 완성하게 도와주는 경우도 많아지고 있습니다.

전 세계적으로 동성애자나 성소수자들에 대한 인권운동이 활발해지고 동성애 청소년들이 사회·문화적인 편견으로 겪는 불행감과 우울감, 소외감을 겪지 않도록 도와주어야 한다는 사실에 모두가 공감하고 있습니다. 아이들이 동성애자든 양성애자든 이성애자든 자신의 성적 지향에 대해 공평하게 존중받아야 한다는 것입니다

게이, 레즈비언, 그리고 양성애자들에게 부정적인 견해를 가진 사람들은 동성애자들이나 양성애자들과 접촉경험이 적고, 나이가 더 많고, 교육을 덜 받고, 종교적이고, 보수적인 경향이 있는 것으로 나타났습니다. 일반적으로 이성애자 남성들이 이성애자 여성들보다 게이 남성들에 대해 더 부정적인 것으로 나타났습니다.

스웨덴에서 인기 있는 중성 유치원

세계보건기구WHO는 전 세계 15개국에 사는 초기 사춘기 아이들을 대상으로 성역할이 어떻게 학습되고 강요되는지를 분석했습니다. 그 결과 아이들은 10~14세 사이에 이미 성 고정관념

이 굳게 뿌리를 내렸고, 이는 육체적·정신적으로 평생 동안 문제를 가져오는 것으로 나타났습니다. 성 고정관념이 고착화되면 아이들의 정서 발달에 좋지 않은 영향을 끼칩니다.

문화적으로 강요된 성 고정관념(여자는 얌전해야 하고 남자는 성적으로 적극적이어야 한다 등)으로 인해서 여자아이의 경우 신체폭력이나 성폭력, 조혼과 에이즈의 위험이 높았을 뿐만 아니라 남자아이는 약물 남용이나 자살에 노출될 위험이 높았다는 결과를 보여주었습니다.

세계적으로 성 평등지수가 높은 스웨덴에는 다른 나라에서 볼 수 없는 유치원이 있습니다. 스웨덴 말로 평등이란 뜻의 '이갈리아Egalia' 유치원에서는 남자, 여자의 성 역할을 구분 짓지 않고 서로를 친구들이라고 부르며 지냅니다. 신데렐라나 백설공주처럼 예쁜 여자가 왕자를 만나 행복하게 끝나는 '스테디셀러' 동화책도 읽히지 않습니다. '아이가 없는 남자 기린 한 쌍이 버림받은 악어 알을 입양했다' '2명의 왕비가 키우는 공주 이야기' 같은 입양가족이나 한부모 가정, 동성커플 등 다양한 가족 형태를 보여주는 책을 읽히기도 합니다.

성 중립적 교육을 받은 아이들은 '다양성'을 자연스럽게 인정하고 존중하는 어른으로 성장할 수 있고, 아이들에게 전통적인 성역할을 넘어서 자신이 진정으로 원하는 것을 찾게 해주려는 취지입니다. 한편에서는 아이들의 성역할에 혼란을 줄 수 있다는 우려가 있지만, 인기도 대단해서 스웨덴에서 가장 성평등한 유치원인 이곳에 아이를 입학시키기 위해 1~2년을 기다리는 부모도 많다고 합니다.

어린 시절부터 양성 정체성이 고루 발달하도록 교육을 받으면 자라서 사회성 발달수준이 높아집니다. 내 아이가 사회적으로 성공하기를 바란다면 지금부터 남자아이에게는 파란색 자동차를, 여자아이에게는 분홍색 쥬쥬인형 장난감을 선물하는 것을 재고해 보아야 합니다.

남아용과 여아용을 구분하는 것이 성에 대한 고정관념을 심어 줄 수 있다는 우려 때문에 미국과 영국의 완구점 매장에는 2016년부터 남아·여아용 성별 표시 구분을 없앴습니다.

6

아이에게 벌어진 성폭력 사건, 어떻게 대처해야 하나?

성폭행 사건이 일어난다면 매뉴얼대로 대응해야 합니다. 만약 침착하게 대응하지 못한다면, 성폭행 사건은 영원히 묻혀버릴 수도 있을 것입니다.

성폭력에는 성폭행과 성희롱, 성추행이 있습니다. 성폭행은 일반적으로 강요된 성교로 정의되고, 원치 않는 성적 행동을 포함한 성폭력(강간)을 말합니다.

많은 사람들이 페니스의 삽입이 없으면 성폭행으로 보지 않습니다. 왜냐하면 성폭행을 페니스에 의해 생기는 것으로 보기 때문입니다. 하지만 손가락 삽입, 여성 성기에의 구강성교, 성기 만지기 등의 행위가 강요된 경우 등도 모두 성폭행에 포함됩니다.

조사에 따르면 이러한 폭력을 당한 여성은 페니스 삽입을 당한 여성과 비슷한 정신적 외상을 입기 때문에 이런 행동도 성폭력에 해당됩니다.

흔한 일은 아니지만 여성뿐만 아니라 남성 역시 성폭행의 피해자가 될 수 있습니다. 최근 몇 년 동안 남성이 성폭력 사건의 피해자가 되는 사례가 늘어나고 있는데, 남성의 경우에도 불안하고, 창피하고, 무서워져도 발기하는 것이 가능하기 때문입니다. 남성이 성폭행을 당하는 중에 발기하는 것은 여성이 성폭행 도중 오르가슴을 느끼는 경우처럼 혼란스럽고 수치스러운 일이 됩니다.

남성의 경우에도 성폭행을 당한 후에 '타인에 대한 혐오'나 '신변 안전에 대한 두려움'을 호소하고 있습니다. 최근에는 남성 성폭행 피해자수가 빠른 속도로 늘어나고, 남성 피해자 역시 신체적 피해와 함께 심리적 피해를 입고 있지만 '성폭력 피해자는 여성·아동만 해당한다'는 잘못된 인식으로 인해 2차 피해를 함께 입는 경우도 많아지고 있습니다.

특히 남성이 남성에게 성폭행 당하는 경우에는 극도의 수치심과 자괴감으로 살해나 자살 등 극단적인 행동을 보이기도 합니다.

성폭행에 대처하는 4단계 매뉴얼

몇 년 전에 일어난 전남 신안군 여교사 성폭행 사건에서 20대 여교사의 침착한 대처는 사건 수사에 큰 도움이 되었습니다. 만약 교사가 매뉴얼대로 대응하지 않았다면 섬마을에서 일어난 성폭행 사건은 영원히 묻혀버릴 수도 있었을 것입니다. 성폭행에 대처하는 4단계 매뉴얼은 다음과 같습니다.

첫째, 자신의 피해 사실을 인지하는 즉시 가능한 한 빨리 경찰이나 여성긴급상담소(해바라기 원스톱센터, 원스톱센터)에 신고를 합니다. 정신적인 충격이 크지만 기관들에 연락을 취하면 적절한 대응 방법을 안내받을 수 있습니다. 병원과 연계되어 있는 원스톱센터의 도움을 받아 병원에 가는 것이 좋습니다. 성폭력 키트가 구비되어 있고, 임신 방지를 위해서 응급 피임 처방을 받아야 하며, 성병 검사도 해야 합니다.

둘째, 성폭행의 피해자가 되었다면(혹은 의심이 든다면), 절대 샤워를 하면 안 되며 씻지 않고 병원에 가야 합니다. 구강 증거 채취를 위해 음식을 먹거나 음료수를 마시지 않은 채로 병원에 가서 24시간 이내에 검사를 받는 것이 증거 유실을 막을 수 있습니다.

셋째, 수사할 때까지 모든 증거를 잘 보관해야 합니다. 입었던 옷을 모아서 종이봉투에 담아두는 것이 증거 보존에 도움이 됩니다.

넷째, 설사 만취한 상태에서 성폭행을 당했다 해도 기억이 나는 부분은 기록을 해두어야 합니다. 특히 피해 장소는 정확하게 기억하고 있어야 하며 당시 주변 건물 모양 등을 기록해 놓고 증거를 확보해두어야 합니다.

피해자 대다수는 언젠가는 성폭행에 대해 다른 사람에게 말하게 됩니다. 하지만 피해자의 반 정도는 수치스러운 일이라 여기고, 다른 사람에게 이야기하기까지 몇 년이 걸리기도 합니다. 대부분의 피해자는 경찰보다는 친구나 가족에게 먼저 피해사실을 알립니다.

성폭행을 당한 경우 피해자들은 이를 수치스럽게 여기고 감추려고 하는 경우가 많습니다. 특히 여자아이가 성폭행을 당했을 경우 부모가 이를 수치스럽게 여기고 감추려 한다면, 아이는 평생 동안 씻을 수 없는 트라우마로 불행한 인생을 보내게 됩니다. 성폭행을 당한 후 생기는 우울증은 집중적인 상담과 치료가 필요합니다.

불행한 일이 일어나지 않아야 하지만 여자아이를 키우는 부모들은 성폭력 상황이 일어났을 때 어떻게 대처하는 것이 현명한 지 알아두는 것이 필요합니다. 성폭력 피해 대처 방법을 잘 숙지했다가 현명하게 대처하는 것은 성폭행 피해를 확실하게 줄이는 방법이기도 합니다. 만약 피해를 입었다면 최대한 침착하게 대응하고, 트라우마에 대한 상담도 지속적으로 받아야 합니다.

• • •

데이트 성폭력에 대처하는 방법

최근에는 데이트 성폭력의 피해를 호소하는 여성들이 늘어나고 있습니다. 모르는 사람이 덤빈다면 자신이 위험에 처한 것을 금방 알아차리지만, 평소 잘 알고 있는 남자로부터 당하는 성폭력의 경우엔 무방비 상태에서 저항을 하지 못하는 경우가 많기 때문입니다.

거부의사를 분명하게 나타내지 못하거나 '설마 나한테 무슨 일이 일어나겠어?' 하며 데이트 폭력을 예상하지 못하는 경우의 여성들이 데이트 성폭력을 당하는 경우가 많습니다. 하지만 데이트 성폭력으로 인한 피해는 낯선 사람에 의한 폭력보다 더 큰 배신감을 느끼고 더 큰 마음의 상처를 남기기 때문에, 데이트 폭력이 일어나는 상황을 알아차리고 분명히 대처하는 태도가 꼭 필요합니다.

데이트 도중 침대에 함께 누웠어도 강하게 말로 거부하면 데이트 성폭행을 예방할 수 있습니다. 그리고 성폭력이란 상대의 동의 없이 이루어지는 강제적인 성관계임을 평소에도 대화를 통해 서로 숙지하는 것도 필요합니다.

미국 대학 내 화장실을 포함해서 교내 곳곳에는 '성관계와 동의sex and consent'라는 포스터를 걸어두고 학생들에게 무엇이 성폭력인가에 대해 다음과 같이 공공연하게 교육하고 있습니다.

- 안 된다고 하지 않았다고 동의한 것은 아니다. 상대방의 적극적인 동의가 없는 경우에는 중단해야 한다. '예스'라고 하지 않았다면 동의하지 않은 것이다.
- 술이나 약물에 취한 상태로 동의한 것은 동의가 아니다. 술 취한 상태에서 원치 않는 성관계를 했다면 성폭행이다.
- 성폭행을 당했다고 해도 절대로 당신의 잘못이 아니다.

데이트 성폭력을 당했을 때 거부의사를 밝히고 단호하게 행동한 여성들이 더 빨리 회복되는 경향이 있습니다. 강하게 적극적으로 저항한 여성들은 자신을 책망하지 않습니다. 그래서 데이트 성폭력을 일방적으로 당했다고 생각하는 여성들에 비해 범죄로 인한 정신적인 상처가 줄어들 수 있습니다.

데이트 성폭력은 여성들이 처음에는 이해하려고 노력하고 상대방의 사과를 받아주는 경우가 많기 때문에 반복되는 경우가 많습니다. 만약 데이트 성폭력을 당한 후 고통을 겪고 있다면 주변에 알려서 도움을 구해야 합니다. 신체적·정신적 보상을 받을 수 있도록 법적인 대처도 적극적으로 시도해야 합니다.

7

아빠가 육아에 꼭 동참해야 하는 이유

이전 세대의 여성들과 근본적으로 다른, '완전히 새로운 사회계층'인 알파 걸의 탄생에는 육아에 적극적으로 참여하는 아버지가 중요한 역할을 합니다.

2009년 발행된 5만 원권 지폐에는 신사임당의 얼굴이 들어있습니다. 당시 한국은행은 "그동안 남성 위주의 기념화폐만 있어 양성평등 기준으로 신사임당이 선정되었다"라고 했습니다. 미국의 지폐에는 여성의 얼굴이 우리나라보다 늦은 2020년에 등장할 예정입니다. 여성 참정권 보장 100주년을 맞아 20달러 지폐 앞면에 노예해방운동가였던 흑인 여성의 얼굴을 넣기로 했습니다. 화폐에 여성들의 얼굴이 들어가는 것은 '21세기는 여성의 세기'임을 상징적으로 보여주는 일입니다.

"아이가 잘 때 부모와 함께 자야 하나요?" "아이가 저의 퇴근을 기다리다가 밤늦게까지 자지 않으려 하는데 아이를 강제로 재워야 하나요?" 젊은 검사 아빠·엄마들에게 받은 질문입니다.

필자는 2017년 11월 전국에서 모인 검사들을 대상으로 법무부에서 실시한 다양성 관리교육으로 '조직 내 성별 차이로 인해 소통이 되지 않는 문제'에 대해 강의를 한 적이 있습니다. 강의를 마치고 질문을 받는 시간에는 강의 주제보다 소아정신과 의사인 필자에게 자녀양육에 대한 질문을 더 많이 했습니다.

필자에게는 젊은 검사 중 40%가 여성이란 점이 무척 인상적이었습니다. 그리고 많은 여성검사들의 등장으로 어떤 식으로든 직장문화의 변화가 예상되었습니다. 2018년 초에 미투 운동이 한 젊은 여검사의 성폭력 고발로 시작된 점도 이런 변화의 한 모습일 것입니다.

• • •

'새로운 여자' 알파 걸은 아버지가 만든다

사회적으로 여성의 지위가 올라가고 전 세계적으로 엘리트집단에 속한 여성의 숫자도 계속 늘어나고 있습니다. 그리고 이들을 '알파 걸'이라고 부릅니다.

알파 걸(으뜸 딸)은 미국 하버드대학 아동심리학 교수인 댄 킨들러가 자신의 저서 『새로운 여자의 탄생-알파 걸Alpha girl』에서 처음 그 이름을 지었습니다. 미국 시사주간지 〈타임〉은 밀레니얼 세대는 개인에 집중하는 더 미미미The Me Me Me세대로 사회의 낡고 오래된 시스템이 해체되는 흐름에 잘 적응하는 신인류라고 했습니다.

킨들러는 미국과 캐나다의 15개 학교를 방문해서 900여 명의 중고등 여학생들을 대상으로 설문조사를 진행했고, 재능 있고 성적이 우수하며 리더이거나 앞으로 리더가 될 가능성이 있는 소녀 113명을 인터뷰했습니다. 그리고 이들 중 20% 여학생들이 공부나 운동뿐만 아니라 친구관계, 리더십 면에서 남학생들을 능가하는 엘리트로 성장하고 있다고 했습니다.

킨들러는 이 아이들에 대해 자신이 여성인 점에 심리적으로 전혀 열등감이 없는 '완전히 새로운 사회계층'이라고 했습니다. 그리고 이런 알파 걸의 탄생에는 육아에 적극적으로 참여하는 아버지가 중요한 역할을 했다고 보았습니다.

딸이든 아들이든 아버지와의 관계는 자녀의 정신건강에 매우 중요합니다. 많은 조사에서 아버지가 자녀 양육에 참여하는 경우 아이들은 탈선하지 않고 더 순응적인 태도를 보였습니다. 또 자신감도 높았습니다. 특히 딸의 경우 아버지와 대범하고 장난스럽게 놀아본 아이들은 다른 아이들에 비해 긴장을 덜 하고 겁 없이 모험을 받아들일 수 있었습니다.

아버지와 친밀하고 좋은 관계를 가진 딸들은 직장생활에서 남자들과 경쟁할 때 겁을 덜 내고, 상사나 동료 남자들을 더 편안하게 상대할 줄 알기 때문에 직장생활도 더 성공적으로 해냅니다.

그런데 과연 우리나라에도 알파 걸들이 있을까요? 현재의 2030세대는 성장과정에서 부모나 사회로부터 성차별을 겪지 않은 세대입니다.

오히려 공부 잘하는 여학생들의 수가 남학생을 앞지르고, 딸만 가진 부모들은 남자와의 경쟁에서 질 수 없다는 자존심으로 딸들을 훌륭히 키워냈습니다. 학창시절까지는 양성평등이 거의 이루어진 것처럼 느껴졌지만 이들이 사회에 나가 실제로 부딪힌 것은 과거와 달라지지 않는 성차별과 성역할 갈등이었습니다.

부모 세대에 비해 많이 배우고 실제로 사회적으로도 우수한 실력을 가진 이들은 가정에서도 전통에 따라 육아나 가사를 도맡아야 하는 여성에 대한 사회의 이중적인 판단을 이해하기 어려워합니다.

• • •

인간으로서 배울 수 있는 것은 모두 아버지에게 배웠다

'철의 여인'이라 불렸던 전 영국 수상 마가렛 대처는 "인간으로서 배울 수 있는 것은 모두 아버지에게 배웠다"라고 입버릇처럼 말했습니다. 대처의 아버지는 어린 딸을 위해 도서관에서 빌린 책을 함께 읽고, 정치인의 연설을 듣게 하고, 정치 문제에 대해 딸과 토론하기를 즐겨했습니다. 대처 수상이 '남자보다 더 남자 같은' 태도로 남성들만이 있는 정치판에서 살아남아 여성 총리가 되기까지는 아버지와의 어린 시절 경험이 큰 도움이 됐다고 고백한 바 있습니다.

'여자는 남자에 비해 열등하다'고 생각하는 부모 아래서 자란다면 딸들은 자신이 여성임을 열등하게 받아들입니다. 가부장적인 가정에서 지배적이고 독재적인 아버지 슬하에 자란 딸들은 사회적 성공을 위해 남성인 아버지를 닮으려 노력합니다. 하지만 설사 사회적 성공을 이룬다 해도 '여자는 열등하다'는 마음속에 자리 잡은 자기비하 때문에 진정한 만족감을 갖기는 어렵습니다.

1980년대 미국에서 시작된 페미니즘의 영향으로 여성들의 사회활동이 활발해지고 직업적으로 성공을 거두는 경우도 많았지만, 그 당시 딸들은 엄격하고 두려움의 대상인 아버지와 자신을 동일시해야 했습니다. 하지만 오늘의 알파 걸들은 과거 세대와는 확연히 다릅니다. 자신감과 자긍심이 넘치고 콤플렉스에 대한 과잉보상 심리로 남자들과 경쟁하지 않습니다.

• • •

'저녁이 있는 삶'이 알파 걸과 알파 보이를 만든다

여자아이들뿐만 아이라 남자아이들의 건강한 성적발달을 위해서 아버지와 친밀한 관계를 갖는 것은 대단히 중요한 일입니다. 특히 4~5세 이전에 아버지와 얼마나 친밀한 관계를 가졌는가는, 그 아이의 성격 형성에 매우 큰 영향을 미치게 됩니다. 적극적이고 남성적인 롤모델이 될 수 있는 아버지가 남자아이들에게 바람직합니다.

사실 어느 가정에서든 아이들은 어느 정도 아버지의 부재를 경험하고 있습니다. 아버지가 일하느라 너무 바쁘거나 다른 지방에서 가족들과 떨어져 지내거나 하는 경우가 흔하기 때문입니다.

성별과 관계없이 양쪽 부모의 따뜻한 보살핌을 받은 아이들이 심리적으로 건강한 성인으로 자라는데 훨씬 유리합니다. 아이가 자라서 남성 또는 여성이란 주체성을 가지고 이성을 사랑하고 결혼하는 것도 부모의 결혼생활을 모방하고 동일시함으로써 가능한 것입니다.

지금 자녀를 기르고 있는 우리 아버지들은 어떤 아버지일까요? 좋은 아버지, 나쁜 아버지, 무서운 아버지, 다정한 아버지, 무관심한 아버지 등등 아버지의 모습은 가지각색입니다. 하지만 분명한 사실은 자녀의 인생 전반에, 특히 딸의 성공적인 사회생활과 행복에는 아버지가 강력한 영향력을 발휘한다는 것입니다.

저녁 밥상 앞에서 아이들과 이야기를 나누고 장난스런 농담을 할 수 있는 아버지, 아이들과 재미있는 놀이를 함께하는 아버지, 부엌에서 앞치마를 두르고 '하우스 허즈번드'가 되는 것을 즐겁게 여기는 아버지가 '알파 걸'과 '알파 보이'의 아버지가 될 것입니다.

8

트라우마로 인한 상처, 어떻게 치유할 것인가?

트라우마란 그저 잠깐의 충격이 아닙니다. 트라우마를 당한 사람 10명 중 1명은 평생 상처에서 헤어나오지 못하고, 오랜 기간 지속되면 우울증에 시달릴 수도 있고, 심한 경우 자살을 생각하게 됩니다.

A씨는 15년 전 군대에 간 아들을 사고로 잃었습니다. 오랜 시간이 지난 지금도 가슴에 묻은 아들을 하늘에서 만날 그날을 기다리며 살아갑니다. 2014년에 세월호 참사가 일어난 것을 보고 A씨는 피눈물을 흘렸던 당시의 상처가 되살아나 가슴이 조여온다고 했습니다.

"세수하려다 물만 보면 물에 빠져 질식당할까 공포를 느낀다." "아이들이 사고를 당하면 어떻게 하나 걱정되어 잠을 잘 수 없다." A씨뿐만 아니라 세월호 침몰 사고 직후 많은 사람들이 미디어를 통해 아이들이 수몰되는 참사를 지켜보면서 발생한 간접적 트라우마에 시달리고 있음을 호소했습니다.

트라우마란 어떤 사고로 인한 정신적인 충격이 무의식에 잠재되어 있다가, 사고 당시와 비슷한 상황이 되었을 때 급격하게 불안해지는 증상을 보이는 것입니다. 흔히 외상 후 스트레스 장애Post traumatic stress disorder라고도 불립니다.

트라우마란 그저 잠깐의 충격이 아닙니다. 트라우마를 당한 사람 10명 중 1명은 평생 상처에서 헤어나오지 못합니다.

트라우마는 오랜 기간 지속되면 우울증에 시달릴 수도 있고, 심한 경우 자살을 생각하게 됩니다. 외상 후 스트레스장애의 경우 10년이 지난 후에도 약 40% 가량은 불안이 지속되기도 합니다. 세월호 사건을 통해 온 국민이 알게 된 외상 후 스트레스 장애는 사실 여성운동과 밀접한 관계가 있는 진단명입니다.

• • •

여성운동으로 알려진 '외상 후 스트레스 장애'

트라우마는 1980년이 되어서야 비로소 '외상 후 스트레스 장애'라는 실제 진단으로 인정되었습니다. 트라우마는 전쟁에 참여한 군인들 때문에 생겨난 진단입니다. 제2차 세계대전과 베트남 전쟁 후 참전 군인들이 겪는 정신적 상처가 생각보다 너무 심각했고, 이런 증상에 적절한 진단이 그전에는 없었기 때문에 사람들은 '외상 후 스트레스' 증상에 관심을 가질 수밖에 없었습니다.

하지만 실제 진단으로 인정받기까지는 1970년대 중반 미국에서 활동한 여성운동가들의 노력이 뒷받침되었다는 것은 잘 알려져 있지 않은 사실입니다.

트라우마가 일상적 삶을 살아가는 여성의 성생활과 가정생활에 더 흔하게 일어나고 있다는 것이 알려진 것은 1970년대 여성해방운동을 통해서입니다. 여성과 아동에 대한 지속적인 학대가 모든 문화에서 은밀하게 있어 왔지만, 이것이 기본 인권 침해이며 동시에 범죄라는 것을 인정한 것은 겨우 수십 년 전 일이라는 것을 지금 생각하면 놀라운 일입니다.

가정폭력과 성폭력 피해 여성들에게서 나타나는 심리적 증후군 역시 전쟁을 겪은 생존자들에게 나타나는 증후군과 같습니다. 미국에서 시작된 여성운동은 여성에 대한 폭력 범죄가 사회 곳곳과 가정에서도 만연해 있다는 것을 일반인들에게 자각시켰습니다. 침묵을 강요당했던 피해자들도 자신이 감추어야 하는 주홍글씨의 낙인이 자신의 잘못이 아니란 자각 속에서 비밀을 드러내기 시작했습니다.

하버드대 정신의학과 명예교수인 쥬디스 허먼은 저서 『트라우마』에서 가정폭력과 가정 내에서 일어난 성폭력 피해 여성과 아동들이 자살하지 않고 살아남은 것은 베트남 참전 군인이 전쟁에서 살아남은 것과 같다고도 했습니다.

• • •

각종 사건 사고로 인한 트라우마를 치유하려면?

각종 사건 사고는 우리 앞에 매일같이 일어나고 있습니다. 사랑하는 사람과의 사별이나, 불시의 자연재해, 교통사고, 전쟁, 테러, 강간 등 각종 사고를 겪고 생명의 위협을 느끼는 것은 어쩌면 피하기 어려운 불행인지도 모릅니다.

하지만 이때 겪게 되는 슬픔, 분노, 절망감을 감추어선 안 됩니다. 안전한 곳에서 믿을 수 있는 사람에게 충분히 감정을 드러내는 것이 치유의 시작입니다.

그런 다음 6개월 정도의 충분한 애도기간을 보낸 뒤 일상으로 돌아가는 것이 치유입니다. 슬픔이 길어지면 더 깊은 마음의 병이 되기 때문입니다.

쥬디스 허먼은 "생존자는 자신에게 일어난 상해에 대해서는 책임이 없지만, 회복에 대해서는 책임이 있다"며 "역설적이게도, 상처를 직시하고, 세상을 향해 분명하게 말하며, 기억하는 것이야말로 불행으로 시작된 정신적 트라우마를 극복하는 치유법이다"라고 했습니다.

• • •

애도반응 4단계를 거침으로써 비로소 치유된다

애정 관계였던 중요한 대상과 죽음이나 이별로 헤어질 때 느끼는 극심한 슬픔과 고통을 애도라고 합니다. 가장 흔한 것은 사랑하는 가족이나 연인의 죽음이지만, 이외에도 연인과 헤어지거나, 직장을 그만두거나, 일생에서 중요한 어떤 대상을 잃었을 때의 반응을 애도반응이라고 합니다. 불시의 자연 재해나 교통사고, 전쟁, 테러, 강간 등 각종 사고를 당하고 겪게 되는 슬픔, 분노, 절망감도 4단계 애도반응을 거치고 치유되어야 합니다.

1단계, 멍해져서 넋을 놓게 되는 시기입니다. 왜 이런 일이 나에게 일어났나 하는 생각에 세상을 원망하고 이별을 부인하면서 충격을 받고 무감각해지는 시기입니다. 헤어짐이나 사고를 당한 일이 갑작스럽게 일어나면 이 단계가 더 길어집니다.

2단계, 예전으로 돌아가고 싶은 마음이 드는 시기입니다. 그리운 사람을 보고 싶고 되찾고 싶어서 찾아 헤매게 되고 고통을 몰랐던 예전이 그립고 이런 불행이 생긴 것에 대해 가슴이 찢어지는 고통과 함께 한편으론 돌이킬 수 없다는 생각에 좌절감과 분노, 슬픔을 크게 느낍니다.

3단계, 우울·절망감을 느끼는 단계입니다. 이별이나 사별이 현실로 받아들여지고 자신이 겪은 불행한 사건이 절망적으로 느껴지며 심하게 우울해집니다. 텅 빈 인생은 아무 의미가 없고 죽고 싶은 마음이 들고 만사가 귀찮고, 우울, 불면, 불안, 식욕저하에 시달립니다.

4단계, 마지막으로 회복단계입니다. 점차 자신의 생활을 회복하고 자신을 추스르게 됩니다. 인생에서 고통도 어쩔 수 없이 생기는 것이란 사실을 받아들일 수 있고, 세상을 향해 말할 수 있게 하는 것이 치유의 시작이자 마지막이 됩니다.

9

지난 100년간 겪었던 중요한 3번의 트라우마

잊지 않는 것, 관심을 가져주는 것, 그리고 피해자들이 세상을 향해 "그것은 내 잘못이 아니야"라고 말할 수 있게 만드는 것이야말로 트라우마 치유의 첫 발걸음입니다.

"난 그때 정말 심한 트라우마를 받았어." 요즘은 대화 도중에 이런 말을 많이 듣게 됩니다. "엄마 잔소리 때문에 심한 트라우마를 받은 것 같아요." 학생들도 자신이 우울해진 것은 트라우마 때문이라고 합니다. 얼마 전까지만 해도 트라우마란 말은 흔한 용어가 아니었습니다. 하지만 이제 우리 일상에 등장할 만큼 익숙한 단어가 되었습니다.

왜 그럴까요? 세월호 참사 당시 많은 학생들이 수몰되어가는 과정을 전 국민이 TV 생중계로 보면서 '대리 트라우마'를 직접 겪었기 때문에 트라우마가 무슨 뜻인지 생생하게 기억하고 있는 것입니다. 트라우마란 사람이 견뎌내기 어려운 상처를 받아 마음속 깊은 곳에 상처를 남기는 심리적 외상을 뜻합니다.

• • •

트라우마 1: 여성들의 히스테리

지그문트 프로이트는 20세기 초에 콜럼버스가 신대륙을 발견한 것에 필적할 만한 심리학적 발견인 무의식을 발견했습니다. 사람의 마음을 의식과 무의식으로 나누고, 우리가 감추고 있는 무의식 속 갈등이 정신적인 문제를 일으킨다고 보았습니다. 이 무의식을 탐색함으로써 감추어진 상처를 드러내 치유하는 정신치료기술도 만들었습니다.

프로이트의 위대한 발견 중에는 트라우마 사건도 있습니다. 19세기 후반 유럽에서는 원인을 찾을 수 없는 히스테리 병을 앓는 여성들이 많았습니다. 1896년 프로이트는 18명의 환자들과 수년간 지속적으로 대화한 끝에 『히스테리 원인론Studien über den hystrie』이란 책을 출간했는데, 여기에서 히스테리 병의 원인은 '히스테리 사례의 밑바탕에는 하나 혹은 그 이상의 지나치게 이른 성적인 경험' 때문이라고 주장했습니다. 이런 성적인 경험은

지그문트 프로이트(1856-1939).
프로이트는 히스테리 환자들과의 면담을 통해 당시 각 가정에서 일어난
여성과 아동에 대한 성추행을 세상에 드러낸 최초의 학자였습니다.

아동기 초기에 일어난 것으로 수십 년이란 시간의 흐름이 방해하고 있지만, 정신분석을 통해 지나치게 이른 성적인 경험이 히스테리의 원인이라는 것을 밝혀낸 것입니다.

즉 히스테리 여성들은 모두 어린 시절 성적인 학대를 받았고, 이 트라우마로 인해 히스테리 증상이 생기게 된 것이라고 했습니다. 당시 사회상황으로 봤을 때 부르주아 가정에서도 빈번하게 아동학대가 일어난다는 결론과 함께 '아동에 대한 성 도착'과 각 가정에서 일어나는 아동학대를 고발한 것과 같았습니다. 이 같은 결과는 당시 세상 사람들이 절대로 받아들일 수 없는 것이었습니다.

프로이트는 『히스테리 원인론』을 출간한 후 사회에서 완전히 따돌림을 받았는데 당시 친구에게 보낸 편지에는 "그 말을 내뱉자마자 나는 완전히 고립되었고, 주변 사람들에게 버림받았다"고 했습니다.

딜레마에 빠진 프로이트는 결국 '성학대 경험은 환자들의 환상일 뿐'이라고 말을 바꿀 수밖에 없었습니다. 이런 결과를 지지할 수 있는 정치적·사회적 바탕이 없는 상태에서 프로이트의 발견은 결코 사회가 용납할 수 없는 것이었기 때문입니다.

하지만 프로이트의 히스테리 연구는 실제로 존재하는 여성에 대한 성적 착취에 대해 연구결과를 세상에 드러내고, 트라우마 연구결과를 최초로 사회에 드러냈다는 데 큰 의미가 있습니다.

• • •

트라우마 2:
전쟁신경증을 겪는 참전용사

사람들이 트라우마의 진실을 외면하는 사이 역사상 가장 참혹하다는 제1차 세계대전이 일어났습니다. 참호 속에서 동료들이 죽고 다치는 것을 지켜보던 참전 군인들은 히스테리 여성들

제1차 세계대전 중 참호 속 군인들.
동료의 죽음을 목격한 참전군인들은 히스테리 여성들이
보이는 증상과 비슷한 '트라우마' 증상을 보였습니다.

처럼 되어 갔습니다. 이들은 소리치고 울며, 원인을 알 수 없는 신체증상을 호소했는데 당시 조사에 의하면 참전군인들 중 약 40%가 이런 증상이 나타났다고 합니다.

용맹스러워야 하고 또한 국가를 위해서는 기꺼이 희생해야 할 군인들에게 이런 증상이 나타난 것에 군 당국과 정부는 무척 당황했습니다. 그러다보니 '전쟁 신경증'이라고 부른 군인들의 히스테리 증상을 고치려고 하기보다는 이런 사실을 숨기기에만 급급했습니다. 하지만 이후 제2차 세계대전과 베트남전쟁 같은 큰 전쟁이 반복되면서 사람들은 '전쟁에서 군인들이 트라우마를 겪게 되는 것은 총알과 파편에 상처를 입는 것만큼이나 당연하고 또한 불가피한 일'이란 것을 알게 되었습니다.

베트남 전쟁의 피해자였던 참전 군인들은 이런 전쟁 트라우마로 인해 발생한 '전쟁 외상 신경증'을 스스로 치유하기 위한 100개 이상의 자조모임을 만들었고, 그 결과 1980년에는 '외상 후 스트레스 장애'라는 새로운 정신과 진단이 정신과 진단범주에 들어가 의사들은 이 질병을 비로소 치료할 수 있게 되었습니다.

• • •

트라우마 3: 여성과 아이에 대한 가정 내 학대

트라우마가 일상적 삶을 살아가는 여성의 성생활과 가정생활에 더 흔하게 일어나고 있음이 알려진 것은 1970년대 여성 해방운동을 통해서입니다. 모든 문화에서 은밀하게 일어난 여성과 아이에 대한 가정학대가 사회적 문제로 드러난 것도 여성 해방운동을 통해서입니다.

주변의 비웃음과 모욕에 대한 두려움 때문에 가정 내에서 일어난 일들은 오랜 기간 가정 내 사적인 일로 치부되어 가정폭력과 성폭력은 합법적인 일로 간주되기도 했습니다. 프로이트

가정폭력을 당하고도 입을 다무는 여성.
여성을 향해 일어나는 일상생활에서의 가정폭력은
사적인 일로 간주되어 여성들은 법적인 보호를 받지 못했습니다.

가 발견한 바와 같이 모든 문화에서 지속적으로 뿌리 깊게 이어져온 여성과 아이들에 대한 성폭력도 여성운동과 함께 세상에 드러나게 된 것입니다.

버지니아 울프는 1938년 『세 명의 기니아인Three guineas』이란 전쟁 소설에서 '공적인 세상과 사적인 세상은 밀접하게 연결되어 있다. 한쪽의 포악과 예속은 다른 쪽의 포악과 예속과 같다'라고 했습니다. 전쟁신경증을 겪는 참전용사와 가정에서 남편에게 학대당한 여성들의 히스테리는 같은 것입니다.

• • •

과거를 잊은 자는 과거를 반복할 운명에 놓여 있다

지금까지 살펴보았듯이, 우리는 지난 100년의 역사 속에서 3번의 트라우마를 겪어왔습니다. 사람의 악한 본성이나 자연재해가 사라지지 않는 한 우리가 겪어야 할 트라우마도 결코 사라지지 않을 것입니다.

유태인 강제수용소였던 폴란드 아우슈비츠에 들어서면 '과거를 잊은 자는 과거를 반복할 운명에 놓여 있다'는 죠지 산타야나의 경고가 보입니다. 트라우마도 마찬가지입니다. 잊지 않는 것, 그리고 피해자들이 세상을 향해 '그것은 내 잘못이 아니야'라고 말할 수 있게 만드는 것이야말로 트라우마 치유의 첫 발걸음입니다.

프로이트의 히스테리 연구는 여성에 대한 성적 착취와

트라우마에 관한 연구결과를

최초로 사회에 드러냈다는 데 큰 의미가 있습니다.

10대를 성장시켜주는 영화 수업

중고생이 꼭 봐야 할 영화 20

최하진 지음 | 값 15,000원

청소년이 꼭 봐야 할 20편의 영화를 소개하며 생각의 깊이를 더하고 세상과 소통하는 길을 열어준다. 좋은 영화를 아이들에게 소개하고 싶은 어른들에게, 영화를 통해 새로운 관점을 얻고 싶은 청소년들에게 이 책을 적극 추천한다. 이 책을 통해 아이와 어른이 서로의 마음을 읽고, 또 어떤 어른이 되고 어떻게 살아야 할 것인지에 대한 생각을 공유할 수 있을 것이다.

청소년이라면 꼭 알아야 할 인문·경제·사회 이야기

10대, 꿈을 이루고 싶다면 생각의 근육을 키워라

권재원 지음 | 값 14,000원

다양한 용어들을 이정표 삼아 학습에 도움이 되는 지식을 습득할 수 있는 청소년 교양서다. 급속도로 발전하는 세상에 발맞춰 시야를 넓히려는 청소년에게 권하고 싶은 책이다. '나'라는 존재와 타인인 상대방을 이해하고, 지식과 정보를 활용해 내 인생을 주도적으로 살아가는 방법을 배워보자. 합리적이고 효율적으로 살아가기 위해 필요한 개념들을 활용해 사고의 범위를 넓히고 마음의 힘인 역량을 키우는 것을 목표로 삼도록 하자.

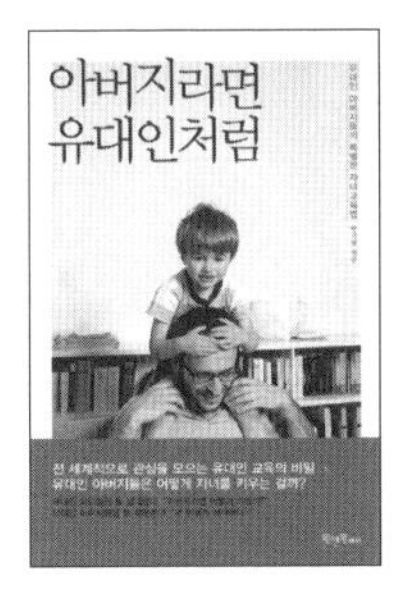

유대인 아버지들의 특별한 자녀교육법

아버지라면 유대인처럼

박기현 지음 | 값 15,000원

이 책은 아버지 없는 사회, 이른바 파더리스 소사이어티 속에 살아가고 있는 모든 아버지들을 위한 책이다. 저자는 가정에서, 자녀교육에서 아버지가 점차 소외되고 있음을 지적하고 아버지의 권위와 역할을 다시 세울 수 있는 방법으로 유대인 아버지의 교육법을 제시한다. 이 책은 자녀교육에서 아버지의 역할이 얼마나 중요한지, 가정에서 아버지가 권위를 되찾기 위해 어떤 노력을 기울여야 하는지를 알려줄 것이다.

자녀교육을 위한 최고의 교과서!

지혜로운 부모가 행복한 아이를 만든다

박경애 지음 | 값 15,000원

가족 상담과 청소년 상담, 자녀교육 등 상담학자와 교육자로서 한길만을 걸어온 자녀 교육의 멘토 박경애 교수가 한국의 부모들에게 현명하게 아이를 기르는 법에 대해 알려준다. 단순히 이론만을 늘어놓는 것이 아니라 저자의 상담 사례와 실제 경험 등을 바탕으로 했기 때문에 신뢰와 설득력을 더하는 이 책은 '자녀교육의 교과서'라고 해도 과언이 아니다. 이 책을 통해 좋은 부모가 되기 위해서는 어떤 노력을 기울여야 하는지 깨닫게 될 것이다.

독자 여러분의 소중한 원고를 기다립니다

★ 메이트북스는 독자 여러분의 소중한 원고를 기다리고 있습니다. 집필을 끝냈거나 혹은 집필중인 원고가 있으신 분은 khg0109@hanmail.net으로 원고의 간단한 기획의도와 개요, 연락처 등과 함께 보내주시면 최대한 빨리 검토한 후에 연락드리겠습니다. 머뭇거리지 마시고 언제라도 메이트북스의 문을 두드리시면 반갑게 맞이하겠습니다.